DAS TRENTINO

Nicoletta Franchini

Das Trentino

 euroedit - Trento

Text: Dr. Nicoletta Franchini

Fotografien:

Umschlag Vorderseite - *Zusammenstellung von Bildern aus dem Text (Fotos von G. Deflorian, C. Poli, G. Zotta).*
Umschlag Rückseite - *Lago Nero (Madonna di Campiglio: Tour der fünf Seen) - Fotos von Gianni Zotta.*

Fotoarchiv APT degli Altipiani di Folgarìa, Lavarone e Luserna   - *S. 25.*
Fotoarchiv APT Terme di Comano - Dolomiti di Brenta   - *S. 171 (oben - Foto von F. Faganello).*
Fotoarchiv APT Terme di Levico, Vetriolo e Roncegno   - *S. 36 (Foto von F. Faganello).*
Fotoarchiv APT Val di Fassa   - *S. 76 (oben und unten), 77 (oben), 81, 82 (unten).*
Fotoarchiv APT Val di Fiemme   - *S. 8, 85, 93.*
Archiv Istitut Cultural Ladin, Vich-Vigo di Fassa   - *S. 82 (oben).*
Arte Sella   - *S. 52 (Foto Aldo Fedele - © Arte Sella.)*
Balzani Giordano   - *S. 55.*
Caporilli Memmo   - *S. 129.*
Cavulli Giovanni   - *S. 44 (rechts).*
Deflorian Giorgio   - *S. 6, 9, 10 (links), 11, 21, 22, 39 (oben links), 42, 43 (links), 44 (links), 47, 59, 62, 63 (in der Mitte), 65, 67, 89, 90 (links), 94, 95, 103 (unten), 104, 106, 114, 115 (unten), 118, 141, 154, 159 (oben), 172, 182 (oben links), 183, 184 (oben und in der Mitte), 187 (unten).*
Fabbro Claudio   - *S. 30, 31 (unten), 46 (unten).*
Facci Massimiliano   - *S. 15 (rechts).*
Faganello Flavio   - *S. 13, 18 (rechts), 105 (oben).*
Faggiani Luigi   - *S. 61, 63 (oben rechts und unten links), 78, 80 (unten), 92 (oben), 159 (unten), 166 (oben).*
Fedele Aldo   - *S. 52.*
Fracalossi Mariano   - *S. 153 (Gemälde Prof. Mariano Fracalossi).*
Poli Corrado   - *S. 26, 39 (rechts), 92 (unten), 122, 155 (oben), 173, 177 (unten links), 182 (oben rechts).*
Scarpa Dario   - *S. 12, 16, 129, 146, 156.*
Zotta Gianni   - *S. 10 (rechts), 15 (links), 17, 18 (links), 19, 20, 23, 24, 28, 31 (oben), 32, 33, 34, 37, 38-39, 40, 41, 43 (rechts), 45, 46 (oben), 48, 49, 50, 51, 53, 54, 56, 57, 58, 60, 63 (oben links und unten rechts), 64, 66, 68, 69, 70, 72, 73, 74, 75, 76 (in der Mitte), 77 (unten), 80 (oben), 83, 84, 87, 88, 90 (rechts), 91, 96, 97, 98, 100, 101, 102, 103 (oben), 105 (unten), 107, 108, 109, 110, 111, 112, 113, 115 (oben), 116, 117, 119, 120, 121, 123, 124, 125, 126, 127, 128, 130, 131, 132, 133, 134, 135, 136, 137, 138, 139, 140, 142, 143, 144, 147, 148, 149, 150, 151, 155 (unten), 157, 158, 160, 161, 162, 164, 165, 166 (unten), 167, 168, 169, 171 (unten), 174, 176, 177 (oben - in der Mitte - unten rechts), 179, 181, 182 (unten), 184 (unten), 186, 187 (oben), 189.*

Danksagungen
Die Autorin dankt besonders Daniele Rando für seine wertvolle Mitarbeit und nützlichen Hinweise und den lokalen Fremdenverkehrsverbänden für ihre Zuvorkommenheit bei der Bereitstellung von Publikationen, Bibliografien und Fotografien, die bei der Erarbeitung dieses Bandes verwendet wurden.

© **Euroedit S.r.l.**
   via del Commercio, 59 - I-38100 Trento
   Tel. 0461 822 521 - Fax 0461 823 581
   e-mail: euroedit@euroedit. com
   web: www.euroedit.com

Übersetzung: Claudia Manica
Prepress: La Fotolito, Gardolo - Trento
Gedruckt im April 2002 von Litografica Editrice Saturnia - Trento

ISBN 88-86147-54-6

Vorwort

Dieser Band entstand aus der Absicht heraus, den Leser auf einer Reise durch die Täler des Trentino, durch die unermesslichen Naturschönheiten einer noch unberührten Landschaft zu begleiten und ihm Kunst, Geschichte, Kultur, Brauchtum und Sitten dieses Kulturraumes und Berggebietes nahe zu bringen.

Das Werk, das sich in fünfzehn Kapitel gliedert, bietet eine Art geographischen Rundgang, der im Wesentlichen die traditionellen Fremdenverkehrszonen berührt, in die sich unser Land gliedert: Vom Val Lagarina, der Südpforte des Trentino, geht es hinauf auf die Hochebenen von Folgarìa, Lavarone und Lusern, dann durch das obere Valsugana mit dem Fersental/Valle dei Mòcheni, das untere Valsugana mit dem Tesino, die Täler Primiero und Vanoi, das Fassa- und Fleimstal, Val di Cembra mit der Hochebene von Piné und schließlich in Richtung Trient und mittleres Etschtal. Von hier bewegen wir uns wieder aufwärts zur Hochebene der Paganella und durch das Val di Non und Val di Sole, das Val Rendena und die Judikarientäler, bis zum Valle dei Laghi, dem Raum des oberen Gardasees und dem Valle di Ledro. In jedem Kapitel werden im Allgemeinen die Hauptthemen in derselben Reihenfolge behandelt.

Einer kurzen Beschreibung der physisch-geographischen Merkmale folgt die mehr oder weniger detaillierte Darstellung der landschaftlichen Besonderheiten und naturalistischen Anziehungspunkte, der Wohnorte mit ihrem reichen Geschichts-, Kunst- und Kulturgut und der bemerkenswertesten volkskundlichen Zeugnisse. Einen eigenen Abschnitt bilden die interessantesten kulinarischen Traditionen. Der mit schönen Bildern reich ausgestattete Text geht auch auf spezielle Themen und Aspekte ein, die jedes einzelne Gebiet besonders kennzeichnen.

Die Autorin und der Herausgeber beabsichtigten nicht, einen in jeder Hinsicht lückenlosen und erschöpfenden Fremdenführer zu schaffen, sondern ein zweckdienliches, anregendes Werk zum Entdecken und Kennenlernen der schönsten Winkel des Trentino und der wertvollen Zeugnisse einer Bevölkerung zu bieten, die seit Jahrhunderten diesen bezaubernden Flecken Bergland bewohnt.

Einleitung

Das im Alpenraum zentral gelegene Trentino, das im Süden vom Gardasee und im Norden von den Dolomiten begrenzt wird, nimmt den Raum des mittleren Etschtales ein. Dieses bildet sozusagen das Rückgrat des gesamten Landesgebietes und teilt es in zwei deutlich getrennte Abschnitte, den östlichen und den westlichen, durch die sich bezaubernde Seitentäler ziehen. Über die gesamte Länge des Etschtales verlaufen im flachen Talgrund die drei Hauptverbindungsmöglichkeiten Brennerbahn, Brennerautobahn und Brennerstaatsstraße. Sie leiten ihren Namen von dem Pass ab, der die Grenze zwischen Italien und Österreich bildet und für die vom Norden Kommenden das Tor zu Südtirol und zum Trentino darstellt. Durch die Seitentäler erstrecken sich panoramareiche Bergstraßen, die über die atemberaubenden Dolomitenpässe im Nordosten der Provinz in die Region Venetien und nach Südtirol, über den Tonalepass im Westen hingegen in die Lombardei führen.

In landschaftlicher Hinsicht ist das Trentino mit einer prachtvollen Freilichtbühne vergleichbar, die das Schauspiel der Natur mit reichem Szenenwechsel präsentiert, wobei einander eindrucksvolle und wildromantische, von weißen Gletschern gekrönte Berge und weite Wälder, grüne Wiesen, Ackerland und klare Seen ablösen.

Das Trentino ist eine typische Berggegend, deren Meereshöhe von 65 m des Gardaseeufers bis über 3000 m der Cevedalegruppe reicht. Obwohl das Gebiet überwiegend bergig ist, zeichnet es sich durch eine Vielfalt an lokalen Mikroklimata aus: Sie reichen vom milden Klima des Gardaseeraumes mit seiner charakteristischen Mittelmeervegetation - die reich an Zitrusfrüchten, Palmen, Steineichen und Oliven ist -, über die gemäßigte Zone des Talbodens und des hügeligen Geländes, wo Wein- und Obstbau betrieben wird, bis zur strengen Temperatur der ewigen Gletscher, die die höchsten Gipfel bedecken. Die Berge gehören zweifellos zu den bedeutendsten Naturschätzen des Trentino. Hohe, gezackte Gipfel umrahmen das gesamte Landesgebiet: im Westen die Bergketten Ortler-Cevedale, Adamello und Presanella, Paganella-Bondone-Stivo, im Süden die Alpi di Ledro, der Baldo und die Monti Lessini, im Osten die Piccole Dolomiti, der Pasubio, der Lagorai und abschließend die prachtvolle Dolomitenszenerie mit den majestätischen Gruppen Pale di San Martino, Marmolada, Sella, Sassolungo/Langkofel, Catinaccio/Rosengarten, Làtemar und Brenta. Die unvergleichliche Schönheit der Bergmassive des Dolomitenraumes

---

Val Venegia, Malga Venegiotta

Enrosadira

nimmt an Zauber noch zu, wenn sich die Rosatöne der Felsen bei Sonnenuntergang in flammendes Rot verwandeln und sich die Bergzinnen und Türme mit ihrem Strahlenkranz gegen den blauen Himmel und das Grün der Wälder abzeichnen, die sich unter den steil aufragenden Wänden ausdehnen.

Neben den aufsehenerregenden, majestätischen Gipfeln sind weitere faszinierende Bauwerke der Natur zu bewundern: Erdpyramiden, eine raue Felslandschaft, einzigartige Eislöcher, malerische und wildromantische Schluchten und Höhlen, die durch ihre spektakulären Formen diese bereits prachtvolle Berglandschaft noch zusätzlich verschönern. Das Trentino ist reich gesegnet mit Wasser, einer weiteren Naturreserve von unschätzbarem Wert, die im gesamten Gebiet zum Ausdruck kommt: vom ewigen Eis der Ortlergruppe, des Adamello-Presanella-Massivs, der Marmolada und des Brenta, über die schäumenden Flüsse und Wildbäche, die zu den drei größeren Einzugsgebieten gehören (des Chiese und des Sarca, der Etsch mit ihren Zuflüssen Avisio, Fèrsina, Leno di Vallarsa und Noce und schließlich des Brenta), bis zu den über 300 klaren Seen, die sich am Talgrund, im Mittelgebirge, auf den Hochebenen ausbreiten oder in der Felsregion in kleinen Senken hingeschmiegt liegen. Aus reinen Hochgebirgsquellen sprudelt mineralhaltiges Wasser von bester Qualität, und die sogenannten "Heilwasser", die wegen ihrer therapeutischen Eigenschaften bekannt sind, speisen Thermen- und Luftkuranlagen, die in ganz Europa berühmt sind.

Ein Großteil der Weiden und Wälder, die das Trentiner Gebiet bedecken, wurde zu geschützten Naturparks und Naturreservaten erklärt, die neben den zahlreichen Biotopen wahre unberührte Oasen mit einem unglaublichen Pflanzen- und Tierreichtum darstellen. Zum Trentino gehören drei große Parks: der Naturpark Paneveggio-Pale di San Martino, der Naturpark Adamello-Brenta und der Nationalpark Stilfserjoch, der sich nur zum Teil auf Trentiner Boden erstreckt.

Dank der Vielfalt der Naturlandschaften bieten sich zahlreiche Möglichkeiten für jeden Sport im Freien. Die Radwege und Pfade, die sich durch das gesamte Gebiet

Val di Genova, Làres-Wasserfall   Val di Fumo, Lago di Malga Bissina

ziehen, eignen sich für angenehme Ausflüge mit dem Fahrrad oder Mountainbike, während die zahlreichen von der S.A.T. (Trentiner Alpenverein) markierten Strecken, das dichte Netz der Wanderwege, die zu zahllosen Schutzhütten führen, die Klettersteige und die Felswände verschiedener Grade ein ideales, natürliches Sportgelände bilden, das sich zum Klettern, für Trekkingtouren und zum Bergsteigen eignet. Zu den vielen höchst malerischen Routen zählen der Friedenspfad, der vom Stilfserjoch entlang der Frontlinie des Ersten Weltkriegs bis zur Marmolada gelangt, der Dolomiten-Höhenweg Nr. 2, der von Venetien in die Fassadolomiten eindringt und bis nach Südtirol gelangt, und der Europäische Weitwanderweg Nr. 5, der vom Bodensee aus die Adria erreicht.

Das klare Wasser der Seen bietet sich zur Ausübung mannigfaltiger Wassersportarten an, während das ungestüme, schäumende Wasser der Wildbäche und Flüsse zahlreiche Sportler lockt, die sich dem Extremsport verschrieben haben. In der Wintersaison gestatten die weiten Schneeflächen der Trentiner Skigebiete die Ausübung aller Wintersportdisziplinen oder laden zu erholsamen Schneeschuhwanderungen und zu erlebnisreichen Touren mit dem Hunde- oder Pferdeschlitten ein. Die ewigen Gletscher ermöglichen auch den Sommerskilauf. Die zugefrorenen Seedecken werden zum Parkett der Eisläufer, während die waghalsigen Sportler die steilen Wände der Eisfälle erklimmen.

Neben dem naturalistischen Aspekt bietet das Trentino ebenfalls reiche Schätze der Geschichte, Kunst und Kultur. Seit der Antike war dieses Berggebiet ein Grenzland zwischen dem nordeuropäischen und dem südländischen Raum, in dem Bevölkerungsgruppen verschiedener Sprache und Kultur zusammenkamen. Unter der Herrschaft der Fürstbischöfe, die rund acht Jahrhunderte - vom Jahr Tausend bis zur Schwelle der zeitgenössischen Epoche - aufeinander folgten, erlebte das Trentino eine äußerst lange, wichtige Periode, die reich an historischen Ereignissen war, unter denen bloß das bekannte Konzil von Trient erwähnt sei.

Die vielsagenden Spuren der Vergangenheit zeigen sich deutlich an den zahlreichen archäologischen Ausgrabungsstätten, an den Burgen und Befestigungsanlagen, an der großen Zahl der Schlösser, die über das gesamte Gebiet verteilt sind, und an den Schützengräben und Festungswerken des Ersten Weltkriegs. Mannigfaltige Zeugnisse der Kunst sind auch in den Städten und kleineren Ortschaften anzutreffen, in denen elegante Adelspalais und Museen neben wertvollen religiösen, mit alten Fresken gezierten Bauwerken, Wallfahrtskirchen, Einsiedeleien und bescheideneren Bauten sakraler Kunst als direkter Ausdruck der Religiosität des Volkes zu bewundern sind.

Wenngleich die Trentiner Bevölkerung überwiegend Italienisch spricht, sind hier auch einige Sprachinseln anderen Ursprungs anzutreffen. Die Bevölkerung, die seit Jahrhunderten die kleinen, über die Täler verstreuten Ortschaften bewohnt, von denen einige noch ihr ursprüngliches Aussehen bewahrt haben - das bisweilen typisch mittelalterlich ist, dann wieder deutlich alpinen oder ländlichen Charakter zeigt -, wachen sorgsam über ihre reichen Schätze der Kultur, der Sitten und Gebräuche, die Generationen hindurch liebevoll weitergegeben wurden.

In der gesamten Provinz finden zahlreiche volkstümliche Veranstaltungen und Aufführungen in historischen Kostümen statt, die gemeinsam mit bedeutenden Kino-, Musik-, Theater- und Tanzereignissen die Dörfer und Städte beleben. Im Sommer verwandeln sich die Burgen und Ortschaften in malerische Bühnen, auf denen Darbietungen aller Art stattfinden, während bei Schutzhütten auf Bergeshöhen, inmitten eines unverkennbaren und bezaubernden Dolomitenpanoramas, Konzerte in freier Natur abgehalten werden.

Unter den verschiedenen Traditionen des Volkes nimmt die Trentiner Gastronomie mit ihren einfachen, naturbelassenen Speisen einen wichtigen Platz ein. Sie ist direkter Ausdruck einer ländlichen, alpinen Welt und eng verbunden mit dem Gebrauch heimischer Produkte, die unter größter Achtung vor der Umwelt und der Natur erzeugt werden. Bei den Trentiner Gerichten macht sich jedoch auch der Einfluss anderer kulinarischer Traditionen bemerkbar, von den mitteleuropäischen über die mediterranen, bis zu den venetischen und ladinisch-dolomitischen, weshalb die heimische Küche eine große Vielfalt an Spezialitäten aufweist. Dazu gehören Knödel, Strangolapreti (Mehlklößchen mit Spinat), Smacafàm (Salzgebäck mit Wurststücken), Trentiner Gerstensuppe, Patùgo, Fregolòti mit Milch, Mosa, Brotsuppe, Einbrennsuppe, Griesknödel, Sauerkraut, Polenta, Pinza (Milchbrot), Fleischrouladen, Sguazèt, Tonco del pontesèl (gemischter Teller) und die Profèzeni; bei den Süßspeisen sind Strudel, Fugàza, Gròstoli (Polsterzipfe), torta de fregolòti (Streuselkuchen) und Zelten zu nennen. Das ganze Jahr hindurch finden kulinarische Veranstaltungen statt, die die Möglichkeit zum Kennenlernen der ausgezeichneten lokalen Speisen bieten.

Dank der günstigen klimatischen Verhältnisse und der besonderen Geländebeschaffenheit wird im Trentino auch von alters her Weinbau betrieben. Wohl bekannt sind die ausgezeichneten Weine, Spumante- und Grappasorten: Sie werden bei zahlreichen Verkostungen in den größeren Weinkellereien oder im Freien in vielen Ortschaften angeboten, die zu solchen Anlässen mit musikalischer Unterhaltung und gastronomischen Spezialitäten aufwarten.

VAL LAGARINA

Für den vom Süden Kommenden bildet das Val Lagarina die Eingangspforte zum Trentino. Die Senke, die sich mit dem südlichsten Streifen des Etschtals deckt, erstreckt sich von Borghetto all'Adige an der Grenze zur Provinz Verona bis zur Enge der Murazzi in der Nähe von Trient. Dank der besonderen geographischen Stellung ist das Tal seit jeher ein wichtiges Verbindungsstück zwischen der Poebene und dem Berggebiet. Das Val Lagarina, das deutlich glazialen Ursprung zeigt, umfasst eine Vielfalt an Land-schaftsbildern: Sie reichen von der Hochebene von Brentònico, einem Berggebiet mit weiten Wiesen und Wäldern, über die alpine Zone der Monti Lessini und die bebauten Terrassen des Val di Gresta bis hin zur weiten Talebene, die von sanften, durchgehend von Weingärten bedeckten Hügeln gesäumt wird.

Den Reichtum und Ruhm verdankt das Tal zum Großteil dem Weinbau, der in diesem Gebiet von alters her betrieben wird und als Tradition gefestigt ist. Am Talboden und auf den ersten

◀ *Das Val Lagarina*

Burg Noarna

Zwischen Weingärten und alten Dörfern

Im Val Lagarina liegen zahlreiche Weinbauorte vor. Neben Avio und dem kleinen San Leonardo in Sarnis sind auch die alten Ortschaften des Destra Adige (rechtes Etschufer), wie Mori, Isera, **Nogaredo**, Villa Lagarina, **Pomarolo** und **Nomi**, gemeinsam mit der nahegelegenen Wohnsiedlung **Aldeno** stolz auf ihre edlen Weine. Im gesamten Tal gedeihen verschiedene Rebsorten, aus denen erlesene Spumantes und ausgezeichnete Weiß- und Rotweine gewonnen werden. Unter diesen stechen der Nosiola, der aromatische Goldmuskateller von Besenello, der Cabernet, der Chardonnay, der Weißburgunder, der Merlot und die Trentiner Bordelaiser Sorten hervor. Die wahre Perle unter den Weinen des Val Lagarina ist jedoch der weiche, duftende Marzemino, ein edler Tropfen von rubinroter Farbe, dessen Eigenschaften auch in Mozarts Don Giovanni besungen werden. Die Heimat dieser begehrten Sorte ist **Isera**, ein lieblicher alter Ort inmitten von Weingärten im Gebiet Destra Adige.

Es ist der Mühe wert, diesen üppigen Bacchusgarten zu Fuß oder mit dem Fahrrad zu durchstreifen und in die mittelalterlichen Orte vorzudringen, die sich mit ihren Plätzen, alten Kirchen, prunkvollen Gebäuden und rustikalen Ortsteilen den Zauber von einst bewahrt haben. Unter den wertvollen Zeugnissen sakraler Kunst sind im reizenden Ortszentrum von **Villa Lagarina** zweifellos die Pfarrkirche Assunta, eines der schönsten Barockmonumente des Trentino, und die neue Außenstelle des Trentiner Diözesanmuseums, die in den Sälen des Palazzo Libera aus dem 18. Jh. eingerichtet ist, zu erwähnen. Zu Beginn des Sommers breitet sich bei der folkloristischen Veranstaltung des *Comun comunale* wieder die Atmosphäre mittelalterlicher Zeit aus, wenn sich die Straßen und Plätze der historischen Ortszentren am rechten Etschufer durch Tänze, Umzüge in alten Kostümen, Spiele von einst beleben und kulinarische Spezialitäten und Weine aufgetischt werden.

Anhöhen, die sich beiderseits der Etsch erheben, dominieren denn auch die Weingärten, die hier zu den üppigsten des Trentino zählen. Das in einer spektakulären Naturlandschaft gelegene Val Lagarina weist auch zahlreiche Spuren und Zeugnisse der Kultur und der Ereignisse auf, die seine Geschichte kennzeichneten. Die dichten Pergelreihen, die die Charakteristik der Hügellandschaft ausmachen, werden durch kleine Orte und zahlreiche Festungswerke unterbrochen - einst Verteidigungs- und Kontrollpunkte wichtiger strategischer Durchzugsstellen. Antike, später in prunkvolle Herrschaftshäuser umgewandelte Burgen dominieren heute die Landschaft und verleihen diesem Winkel des Trentino einen bezaubernden Anstrich. Im südlichen Abschnitt des Etschtales wechseln aufsehenerregende Engstellen mit ausgedehnten, weiten Talflächen. Den Betrachter fesseln sowohl die dadurch entstehenden faszinierenden Landschaftsbilder, als auch der künstlerische Reichtum der Ortschaften. Nach Borghetto all'Adige, das bis 1918 die historische Grenze zwischen Österreich-Ungarn und Italien bildete, erreichen wir **Avio**, einen Ort antiken Ursprungs, wie die bedeutenden, in der Gegend zutage getretenen archäologischen Zeugnisse erkennen lassen, die im Antiquarium des Palazzo Brasavola verwahrt sind. Die historische Ortsmitte ist einen Besuch wert: Hier können wir die Innenfresken der Barockkirche Maria Assunta bewundern oder einen Spaziergang durch die mit dekorierten Portalen geschmückte Hauptstraße unternehmen, auf der wir zur antiken Pfarrkirche, Pieve Vecchia, gelangen, die am Zugang zum Valle dell'Aviana liegt. **Ala** ist das bedeutendste wirtschaftliche und kulturelle Zentrum des Gebietes Bassa Lagarina. Dieses Städtchen alten Ursprungs blickt auf eine berühmte

Villa Lagarina, Innenansicht der Assunta-Kirche

Ala, Pfarrkirche Santa Maria Assunta

Vergangenheit zurück: Die Produktion von Seidensamt machte es im 18. Jh. weltweit berühmt und förderte seine künstlerische und kulturelle Entwicklung.

Es war Ziel des europäischen Hochadels, der sich auf den Reisen zu den Höfen Europas oder in das italienische Tiefland hier aufhielt. Die historische Ortsmitte, ein wahres Juwel der Barockarchitektur, hat sich noch das Aussehen von einst bewahrt. Es lohnt sich, hier zwischen den freskengeschmückten Palazzi zu spazieren und die Steinportale, die alten Innenhöfe, die Loggien, die Balustraden und schmiedeeisernen Balkone zu bewundern, die die schmalen Steinstraßen zieren, oder das Museo del Pianoforte Antico (Museum der antiken Klaviere) zu besichtigen, in dem eine Sammlung restaurierter Instrumente aus der Zeit ausgestellt ist, die von der zweiten Hälfte des 18. Jh. bis zu den ersten Jahren des 20. Jh. reicht.

Besonders malerisch ist die Piazzetta San Giovanni, deren besondere Zierde die Kirche der Heiligen Giovanni Battista und Giovanni Evangelista ist, wie auch die von einer Anhöhe den Ort beherrschende Pfarrkirche Santa Maria Assunta, die bereits im 12. Jh. erwähnt und im 17. Jh. im Barockstil neu gebaut wurde. Im Juli lässt die Veranstaltungsreihe *Ala città di velluto* (Ala, die Stadt des Samtes) den alten Glanz und die Atmosphäre der Vergangenheit wieder aufleben, wenn Schauspieler und Musiker in den Herrschaftsgebäuden aus dem 17. Jh. dem Publikum die "Sage des Samtes" vortragen und in den Straßen der historischen Ortsmitte Konzert- und Theatervorführungen bieten. Verschiedene kulinarische Pfade runden schließlich das bunte Treiben in den Höfen und Straßen des Zentrums ab.

Ala ist auch ein günstiger Ausgangspunkt für zahlreiche Ausflüge, vom Besuch der Kellereien

Die Burgen des Val Lagarina

Diese Befestigungsanlagen, stumme Zeugen der Vergangenheit, die Jahrhunderte lang das Geschick des Tales teilten, belegen die bedeutende Funktion des Durchzugs, die das Val Lagarina hatte. Der Großteil der Bauten entstand in mittelalterlicher Zeit, oft an der Stelle alter Wehrburgen.

Wenn man vom Süden kommt, entdeckt man beim Eindringen in das Tal die stolze Verteidigungsanlage Castello di Sabbionara d'Avio, die wie ein Wachposten von einem Hügel aus die Ortschaften Sabbionara und Avio überragt und jeden in ihren Bann zieht, der mit dem Auto auf der Staatsstraße oder der Brennerautobahn bzw. mit dem Zug fährt. In diesem von zinnengekrönten Mauern umgebenen

Castello sind wertvolle profane Malzyklen der mittelalterlichen Kunst und der internationalen Gotik verwahrt. Auf dem Felsen, der den Leno-Fluss des Vallarsa überragt, erhebt sich das Castel Rovereto, ein monumentales Beispiel einer Festung aus dem 15. Jahrhundert, die das historische Zentrum von Rovereto dominiert. Derzeit ist in dieser Burg das Museo storico italiano della guerra (Italienisches historisches Kriegsmuseum) untergebracht.

Auf einem Felssporn in der Nähe der Ortschaft Noarna liegt ein altes Juwel dieser Gegend, das Castel Noarna oder Castelnuovo, in dem heute eine Weinkellerei eingerichtet ist. Die Säle sind mit interessanten Malszenen geschmückt, unter denen die Fresken aus der Schule des Michelangelo hervorzuheben sind. Der Überlieferung nach erfolgten hier einst im 16. - 17. Jh. die Prozesse gegen die *Strie* (Hexen), die zum Tod auf dem Scheiterhaufen verurteilt wurden. Manche vermeinen noch heute ihre Schreie aus den Kerkerräumen der Burg zu hören.

Kurz vor Erreichen der Klause der Murazzi erhebt sich an der Straße, die von **Calliano** zur Hochebene von Folgarìa führt, das majestätische Castel Beséno, eine Zitadelle, die von der Spitze eines Hügels die Ortschaft **Besenello** überragt. Die größte Feudalanlage des Trentino vermittelt noch jetzt mit ihren Türmen, zinnenbewehrten Mauern, eindrucksvollen Basteien und weiten Innenhöfen dem Besucher die Atmosphäre von einst. Castel Beséno und das nahe gelegene Castel Pietra spielten bei vielen historischen Ereignissen, um die zahlreiche Sagen kreisen, eine wichtige Rolle. Neben dem Zauber der Umgebung bietet das Castello die Möglichkeit, wertvolle gotische Malereien und einen Monatszyklus aus der Renaissancezeit zu bewundern. Castel Beséno ist nun eine Außenstelle des Landeskunstmuseums.

Burg Sabbionara d'Avio

Burg Beséno

auf den umliegenden Hügeln bis zu Touren durch das unberührte Valle di Ronchi und zur Sega di Ala auf den Monti Lessini - ein ideales Ziel für alle, die sich im Grün der Weiden entspannen und zu den typischen Almhütten vordringen möchten, die noch Einblick in die alte Kunst und das Handwerk der manuellen Verarbeitung von Frischmilch bieten. **Rovereto**, politischer und administratives Mittelpunkt des Val Lagarina, beherrscht als zweitgrößte Stadt des Trentino den mittleren Teil des Tales. Einst wurde der Ort wegen der kulturellen Aufgeschlossenheit "kleines Athen" genannt, und noch heute ist er ein interessanter Anziehungspunkt der Kunst und ein Avantgarde-Zentrum, das dank zahlreicher Vorhaben von internationaler Tragweite stets von pulsierendem Leben erfüllt ist. In dieser Stadt kamen berühmte Persönlichkeiten zur Welt, unter denen der Philosoph Antonio Rosmini und der Musiker Riccardo Zandonai erwähnt seien.

Seit jeher spielte Rovereto im südlichen Trentino eine führende Rolle. Vor allem unter der venezianischen Herrschaft der "Serenissima" erlebte der kleine Ort im Laufe des 15. Jh. einen bedeutenden Anstieg nicht nur in urbanistischer Hinsicht, sondern auch in Bezug auf den Handel. Venedig führte hier die Seidenraupenzucht ein und förderte die Entwicklung der Seidenindustrie, die später unter österreichischer Herrschaft ausgebaut wurde und bis vor wenigen Jahren von grundlegender Bedeutung für die Wirtschaft der Stadt und des gesamten Tales war. In Rovereto sind noch die Spuren der Geschehnisse zu erkennen, bei denen die Stadt eine wichtige Stellung einnahm. Sie verleihen Rovereto ein besonderes Flair und machen seinen ganz charakteristischen Reiz aus. Die Erinnerung an die venezianische Herrschaft wird durch die urbanistische Gliederung, die Straßennamen, den Dialekt der

Einsiedelei San Colombano

Die Burg von Rovereto

Bewohner und ihre Lebensgewohnheiten wachgehalten. Unter den wichtigsten Gebäuden aus jener Zeit seien die im 15. Jh. errichtete und später umgebaute Pfarrkirche San Marco und das Gemeindepalais erwähnt, das zur Piazza Podestà blickt. Alljährlich beleben sich bei der *Rovereto venexiana* die sonst stillen Gassen und die bezaubernden Plätze der Altstadt mit typischen Theateraufführungen der Commedia dell'arte und Darbietungen in venezianischem Dialekt, wie auch mit Märkten und Ständen, bei denen Weine und Delikatessen angeboten werden.

Bei einem Spaziergang durch das Zentrum sind prunkvolle Palais der Spätrenaissance und des 18. Jh. zu bewundern, wie auch kostbare Barockkirchen, Straßen und alte Bezirke, deren mit Balkonen ausgestattete Häuser, Höfe und alte Handwerksläden noch einen volkstümlichen

Charakter zeigen. Rovereto, die Wiege des Futurismus, ist derzeit Sitz des Depero-Museums, in dem die wichtigsten Werke dieser Kunstrichtung ausgestellt sind. Von bedeutendem Interesse sind außerdem das Museo d'arte Moderna e Contemporanea (Museum für moderne und zeitgenössische Kunst), das Archivio del Novecento (Archiv des 20. Jh.) - ein moderner Ausstellungskomplex, der speziell Forschungsarbeiten der Geschichte und Kunst gewidmet ist -, das Museo Civico (Stadtmuseum) mit seinen botanischen, mineralogischen und naturalistischen Sammlungen, die Accademia degli Agiati und das Teatro Zandonai aus dem 18. Jh. Die Stadt, die vor allem im Ersten Weltkrieg durch Kampfhandlungen erschüttert wurde, erinnert noch durch verschiedene historische Denkmäler, die sowohl in der Stadt, als auch außerhalb stehen, an diese

Rovereto, Depero-Museum

Geschehnisse. Das Museo storico italiano della guerra (Italienisches historisches Kriegsmuseum) im Castello von Rovereto enthält wichtige Urkunden, Erinnerungsstücke und Waffensammlungen aus dem Ersten Weltkrieg. Im Ort Miravalle rufen bei Sonnenuntergang die Klänge der *Maria Dolens,* der größten freihängenden Glocke der Welt, die aus den Kanonenkugeln der neunzehn, am Ersten Weltkrieg beteiligten Länder gegossen wurde, in Erinnerung an die Gefallenen aller Kriege zum Frieden auf. Unweit davon befindet sich das Castel Dante mit einer Soldatengedenkstätte, in deren Gebeinhaus sich die Reste von über zwanzigtausend italienischen, österreichischen und tschechoslowakischen Gefallenen befinden. Wenn wir dem Leno flussaufwärts folgen, dringen wir nach der Enge von San

Colombano in das Tal ein, das Rovereto über den Pian delle Fugazze-Pass mit der Provinz Vicenza verbindet. Wir befinden uns nun im **Vallarsa**, dessen Landschaft rau und unberührt, doch eben deshalb reizvoll ist. Das Tal umfasst etwa vierzig kleine Orte, die aus Häusern und traditionellen Berghütten bestehen. In mittelalterlicher Zeit erfuhren sowohl das Vallarsa, als auch das nahe gelegene Valle di Terragnolo die Besiedlung durch deutsche Bauern, deren Spuren noch in den lokalen Ortsnamen erkennbar sind. Die Zeugnisse der Geschichte und der bäuerlichen Kultur des Tales sind im Museo della Civiltà Contadina (Bauernmuseum) in Riva di Vallarsa zu sehen. Das Vallarsa ist vor allem

schen Weitwanderweg E5 zusammentrifft. Den Tourengehern und Mountainbikern bietet die Gegend zahllose Wege, auf denen sie Almen, verstreute Schutzhütten und bezaubernde Panoramastellen erreichen. Wenige Kilometer von Rovereto entfernt stoßen wir auf der Straße, die das Val Lagarina mit dem Gardaseegebiet verbindet, auf den renommierten Winzerort **Mori**.

Eine Wallfahrtskirche aus dem 16. Jh., Santa Maria di Montalbano, beherrscht diese Ortschaft, die antike Herrschaftshäuser und wertvolle religiöse Denkmäler zieren, darunter die Pfarrkirche Santo Stefano, die Barockkirche der Confraternita del Santissimo Sacramento und der romanische Glockenturm der Kirche Santa Maria in Bindis. Von hier aus erreicht man bald über den Westhang des Val Lagarina die Hochebene von Brentònico und den gleichnamigen Ort, der einen wunderbaren Ausblick auf den Gardasee, die Poebene, die Dolomiten und die Alpenkette bietet. Die Hochebene ist ideal für den Besucher, der in völliger Entspannung das Naturschauspiel genießen und einen Ausritt oder Spaziergang in einer typischen Berglandschaft unternehmen möchte, in der charakteristische Sennereien und Agriturbetriebe (Urlaub auf dem Bauernhof) verstreut liegen. Bei Beschreiten der Wege und Saumpfade, die einst die verschiedenen "Regole"

wegen des Pasubio bekannt, eines Bergmassivs, das zur Zeit des Ersten Weltkriegs Schauplatz heftiger Kämpfe zwischen den österreichischen und italienischen Truppen war und heute noch an zahlreichen Stellen an diese traurigen Ereignisse erinnert. Einen Kontrast zu den Resten aus der Kriegszeit, wie Schützengräben, Stacheldraht, Kreuzen und Stollen, bildet der Friedenspfad, der heute durch dieses Gebiet führt. Er folgt der Front des Ersten Weltkriegs und verläuft dabei über die Piccole Dolomiti und die Weiden des Pasubio, bevor er mit dem Europäi-

(Siedlungen) oder Ortschaften des Gebietes verbanden, stoßen wir auf alte Brunnen, Mühlen und antike Gedenkstätten, die die magische Atmosphäre von einst wieder aufleben lassen. Die Urlaubszentren Polsa und San Valentino haben die Hochebene von Brentònico außerdem als Gegend für die alpine und nordische Skifahrt berühmt gemacht. Dank der zahlreichen Schotterwege, die dem Verlauf von Forst- und Militärstraßen folgen und durch das Grün der Wälder und Weiden führen, ist der nahe gelegene Monte Baldo, ein wahres Paradies zum Radfahren und Reiten, rasch erreichbar. Der Monte Baldo ist seit jeher wegen seines unglaublichen botanischen Reichtums als *Hortus Italiae* bekannt. Hier befindet sich das Bès-Cornapiana-Reservat, ein bunter Alpengarten, in dem verschiedene seltene Pflanzen gedeihen: Sie umfassen Arten des Mittelmeerraumes und der Poebene, bis hin zu arktisch-alpinen Exemplaren - wahre Naturschätze, die die Besucher entdecken können, wenn sie in Begleitung erfahrener Botaniker dem dichten Wegenetz folgen.

Brentònico, der Hauptort der Hochebene, weist viele Sehenswürdigkeiten auf: elegante barocke Adelsresidenzen, die Pfarrkirche Pietro und Paolo - eines der interessantesten Sakralgebäude des Trentino, mit der Krypta des Hl. Johannes, die vielleicht die ursprüngliche Anlage der alten Kirche war, auf der im 16. Jh. das heutige Gotteshaus entstand -, die barocke Kirche San Rocco und schließlich das Museo del Fossile (Fossilienmuseum), in dem über 1.200 Fossilien zu sehen sind, die auf der Kette des Monte Baldo gefunden wurden. Nach der Rückkehr nach Mori können wir auf der Straße in Richtung Nago-Tórbole, bevor wir die Abzweigung ins Val di Gresta erreichen, nach Loppio abbiegen. Dieser bezau-

Die Spuren der Vergangenheit

In der Nähe von Rovereto breiten sich die berühmten Lavini di Marco aus. Es ist ein weites Gebiet von seltenem geologischem Wert, in dem Geröllmassen angehäuft liegen, die in vorgeschichtlicher Zeit von den Felswänden des Monte Zugna abgeglitten waren. Diese raue, wilde Landschaft mit ihren großen Gesteinsblöcken inspirierte auch Dante, der sie an einigen Stellen des Inferno beschreibt ("Wie bei dem Bergsturz, der diesseits von Trento ... den Etschfluss einst getroffen in der Flanke").

Die kürzlich erfolgte Entdeckung Hunderter von Fossilspuren aus dem Jura, die gras- und fleischfressenden Dinosauriern zugeschrieben werden, hat die historische Bedeutung dieser faszinierenden Ortschaft noch erhöht und sie in eine Art Freilichtmuseum verwandelt. Das Areal der Lavini ist auch wegen des Vorliegens zweier kleiner Feuchtzonen, der sogenannten Laghetti di Marco bekannt. Es handelt sich um ein interessantes Biotop, in dem seltene Pflanzen- und Tierarten gedeihen.

Fossilspuren

bernde Ort ist dank seines Naturschutzareals bekannt, das seltenen Vogelarten und anderen Tieren Unterschlupf bietet. Nach dem kurzen, interessanten Aufenthalt beim Biotop von Loppio können wir zum Val di Gresta hinauffahren, einem Agrargebiet, das dank der besonderen Geländeformation eine kleine, völlig unberührte Naturinsel darstellt.

Im "Tal der Gemüsegärten", so genannt wegen der Fruchtbarkeit des Bodens und des wohltuenden Einflusses durch die Gardaseebrise, betreiben die Landwirte ökologischen Anbau und folgen dabei Methoden der integrierten und biologischen Produktion unter voller Berücksichtigung der Umwelt und der Gesundheit. In der Sommersaison bietet das Tal den Naturfreunden verschiedene Möglichkeiten, von Spaziergängen bis zu Radtouren zum nahen Bordala-Pass, während die Sportler in der kälteren Jahreszeit auf den Loipen von Bordala und Santa Barbara Langlauf betreiben und im Gebiet des Monte Stivo Skitouren unternehmen können. Von hier ist leicht der Lago di Cei, ein prachtvoller türkisfarbener See zu erreichen, der sich in den grünen Rahmen der umliegenden Wälder fügt.

Er lädt im Sommer zu einem erfrischenden Bad und im Winter, wenn er gefroren ist, zum Eislaufen ein. Wir können aber auch hierher fahren, um einfach nur die frische Bergluft zu atmen und das wunderbare Panorama des Etschtales zu genießen.

Der Monte Baldo in Blüte

Gastronomie und heimische Produkte

Die kulinarischen Spezialitäten des Val Lagarina zeigen den Einfluss sowohl der Trentiner Küche, als auch der venezianischen Speisen.

Zu den traditionellen Gerichten eindeutig venezianischen Ursprungs zählen die *Bigoi en salsa,* Spaghetti mit Salzsprotten, die *Sarde en saór,* d.h. frittierte Sprottenfilets, die mit einer Sauce aus Zwiebeln, Tomaten, Öl, Butter und Kapern einige Tage mariniert werden, und *Fegato alla venexiana,* venezianische Leber, die mit weißer Polenta und mit *Bisi* (Erbsen) serviert wird. Das Val di Gresta ist wegen der Produktion von Gemüse bekannt, das streng nach biologischen Methoden angebaut wird, und stellt demnach ein ideales Ziel für Touristen dar, die Feinschmecker und gleichzeitig Gesundheitsapostel sind. Unter den wichtigsten Erzeugnissen sind die ausgezeichneten Bergkartoffeln zu nennen - die sogenannten *Grestane -*, das schmackhafte *Sauerkraut,* das aus dem Kopfkohl zubereitet wird, der rote Radicchio und der Knollensellerie. In den Sennereien auf dem Altopiano di Brentònico und auf den Bergen der Lessinia kann der Besucher dem Melken der Kühe und der Milchverarbeitung beiwohnen und die heimischen Käseprodukte kosten. Unter den ausgezeichneten Käsesorten seien der *Canestrato,* der *Tre Valli,* der *Monte Baldo* und der *Monte Baldo Primo Fiore* genannt.

Wohlschmeckend sind auch die *Gnocchi della Lessinia* (Klöße), die mit zerlassener Butter und Almenkäse serviert werden, die *Polenta abbrustolita* (im Kaminfeuer geröstete Polenta) mit Pilzen und der traditionelle *Piatto del malgaro,* ein gemischter Teller mit Polenta, Wurst, Bauchspeck und Bohnen.

Unter den Würsten ist auch der *Probusto* aus gewürztem Schweinefleisch zu erwähnen, der gekocht oder gegrillt wird.

Eine verlockende Gelegenheit zum Kennenlernen heimischer Spezialitäten ist die *Magnalonga,* eine kulinarische Veranstaltung, die alljährlich im September in den Weingärten von Calliano und Besenello abgehalten wird, während die *Festa della vendemmia* (Weinlesefest) zum Kosten der edlen Val Lagarina-Weine einlädt.

Diese Veranstaltung, die Mitte September in der Altstadt von Rovereto stattfindet, bietet Gastronomie- und Weinpfade, Darbietungen verschiedener Art und musikalische Unterhaltung.

Val di Gresta, Ausstellung heimischer Produkte

DIE HOCHEBENEN VON FOLGARÌA, LAVARONE UND LUSERNA

enn wir das Val Lagarina auf der Höhe der Ortschaft Calliano verlassen und das Tal des Rio Cavallo hinauffahren, erreichen wir nach kurzer Zeit die malerische Gegend der Hochebenen von Folgarìa, Lavarone und Luserna/Lusern, einen zauberhaften Winkel unserer Provinz, der eine Entdeckungsreise wert ist. Das Gebiet der "großen" Hochebenen erstreckt sich im südöstlichen Teil des Trentino zwischen dem Etschtal und dem Altopiano di Asiago, an der Grenze zur Provinz Vicenza. Auch wenn sich die Hochebenen in drei verschiedene Verwaltungsgemeinden

gliedern, bilden sie doch eine Einheit, da sie ähnliche Wirtschaftsmodelle und gleichartige ethnische, historische und kulturelle Grundlagen aufweisen. Diese weite, hügelige Zone, die sich auf einer Höhe zwischen 1000 und 1500 m ausbreitet, erscheint wie eine große grüne Insel, auf der Wiesen und Weiden (die mit Almen und typischen Berghütten übersät sind) mit dichten Wäldern abwechseln.

Wir befinden uns in einer reinen Gebirgsgegend, die traditionsgemäß an eine Forst- und Weidewirtschaft gebunden ist, aber in den letzten Jah-

ren eine zunehmend touristische Entwicklung erlebt hat. Das Gebiet, das sich in einen Rahmen großer, unberührter Räume fügt und sich durch eine ruhige und entspannende Atmosphäre auszeichnet, bietet heute zahlreiche Möglichkeiten für Aktivitäten, sodass es zu jeder Jahreszeit ein beliebtes Urlaubsziel ist.

Die weiten Schneefelder, die im Winter zum Skifahren einladen, sind sowohl für die Alpinskifahrt, als auch für den Langlauf ausgestattet, zu dem auf der Hochebene von Folgarìa die berühmten Loipen des Coe/Forte-Cherle-Passes, auf den Hochebenen von Lavarone und Lusern die bis zur Hochebene der Vézzene reichenden Millegrobbe-Loipen einladen.

Im Sommer eignen sich die weiten Lichtungen, die Wanderwege oder Militär- und Forststraßen, die die Hochebenen queren, für zahlreiche Ausflüge. Viele Touren führen über den Sentiero della Pace (Friedenspfad), der unzählige Spuren aus dem Ersten Weltkrieg aufweist, über den Europäischen Weitwanderweg E5, durch die grünen Wälder des Coe-Passes, durch die Felszonen und die Pflanzenwelt des botanischen Gartens oder über die Erhebungen, die die Hochebenen säumen: wie etwa die malerischen Gipfel der Vigolana mit dem Becco di Filadonna und jene des Monte Cornetto, des Monte Maggio, des Monte Rust, des Monte Cimone und des Monte Finonchio. Ebenso zahlreich sind die Wege, die über Blumenwiesen und sonnige Weiden verlaufen und eine Welt erschließen, die reich an Zeugnissen des Alltags einer ländlichen Bevölkerung ist, die seit Jahrhunderten diese Landstriche bewohnt. Als Grenzgebiet zwischen der romanischen und der deutschen Welt weisen die Hochebenen unzählige Spuren von Ereignissen auf, die nicht nur ihre Geschichte gekennzeichnet, sondern auch die heutige territoriale Gliederung bestimmt haben.

Folgarìa, Loipen auf dem Passo Coe

In von uns aus gesehen jüngerer Zeit, im Ersten Weltkrieg, war die gesamte Gegend der Hochebenen Schauplatz heftiger Kämpfe zwischen dem österreichisch-ungarischen und dem italienischen Heer. An der Frontlinie errichteten die Österreicher einen beeindruckenden Komplex von Festungswerken, die noch heute an die tragischen Geschehnisse von einst erinnern.

In einer völlig ruhigen Umgebung, verstreut über Senken und sanfte Hügel, erheben sich bezaubernde Dörfer, die mit ihrem geschichtlichen und kulturellen Reichtum zur Prägung einer Landschaft von unvergleichlicher Schönheit beitragen. Es handelt sich zumeist um kleine Siedlungen, die um alte Berghäuser herum entstanden sind, rustikale Wohnungen, die sich im Mittelalter aus der Stationierung zimbrischer Holzfäller und Bauern entwickelt haben.

Bei Begehen der Straße, die durch das tiefe Tal des Rio Cavallo führt, lassen wir das eindrucksvolle, wuchtige Castel Beséno hinter uns und erreichen in kurzer Zeit die Hochebene Folgarìa als größtes der drei Plateaus.

Nach dem Ort Mezzomonte ist auf der gegenüberliegenden Talseite am Fuße des Monte Finonchio die malerische Ortschaft Guardia zu erkennen, eine Art Freilichtmuseum, das sich durch die bunten *Murales* auszeichnet, die die Hausfassaden zieren. Die als naive Malerei ausgeführten Werke stellen Szenen und Ereignisse des bäuerlichen Alltags dar und beleben mit ihren einzigartigen Darstellungen die pittoresken Winkel dieses Dorfes, in dem der bekannte Maler, Bildhauer und Dichter Cirillo Grott geboren wurde, dem auch ein interessantes, als Museum eingerichtetes Haus gewidmet ist. Nahe der kleinen Ortschaft Guardia führt ein bequemer Wanderweg zur Cascata dell'Hofentòl (Hofentòl-Wasserfall), heute mehr unter dem Namen "Cascata azzurra" bekannt: ungestüme Wassermas-

Die Besiedlung durch die Zimbern

Gegen Ende des 12. Jh. erfolgte im Raum der Hochebenen eine massive Zuwanderung bayrisch-tirolerischer Siedler aus den deutschen Bevölkerungsgruppen, die bereits im nahen venetischen Gebiet lebten. Es handelte sich um erfahrene Holzfäller und Bauern, die sogenannten *Roncadori*, die zur Urbarmachung und Nutzung der weiten unbebauten Flächen auf die Hochebenen gerufen wurden. Der Prozess der Integration mit der bereits ansässigen romanischen Bevölkerung erfolgte auf völlig friedliche Weise, doch der demografische und kulturelle Einfluss der neuen Siedler war so stark, dass die deutschen Elemente bis zum 16. Jh. überwogen. Der lange Kontakt dieser zwei Volksgruppen, der italienisch- und deutschsprachigen, bewirkte die Entstehung einer neuen Redeweise, des sogenannten *Slambròt* (vom Deutschen "Schlammbrot"), einer Mischsprache, bei der sich italienische und deutsche Ausdrücke vermengten. Mit dem Verstreichen der Jahrhunderte und der stärkeren Verbreitung der italienischen Sprache ging dieser Dialekt im gesamten südöstlichen Trentino verloren, ausgenommen auf der Hochebene von Lusern, auf der das Zimbrische heute nicht nur an den Schulen unterrichtet, sondern von der ansässigen Bevölkerung auch fließend gesprochen wird. Die zimbrische Gemeinschaft von Lusern bildet eine Volks- und Sprachminderheit, die durch ein Landesgesetz geschützt wird und Gegenstand zahlreicher internationaler Studien und Forschungsarbeiten ist. Die Spuren der zimbrischen Besiedlung sind heute in den lokalen Ortsnamen, in den Sitten und Gebräuchen, in einigen Familiennamen zu erkennen, die klaren deutschen Ursprung zeigen, wie auch im umfassenden Gut an Märchen, Sagen und volkstümlichen Erzählungen, die eindeutig aus dem nördlichen Kulturkreis stammen.

Guardia, Wandmalereien

Lavarone-See

sen quellen aus einer natürlichen, tiefen Klamm. Wenn wir auf die Straße zurückkehren, die nach Folgarìa führt, sehen wir in der Nähe der Siedlung Carpeneda, hoch auf einem Felsband in dominierender Lage über dem Tal des Rio Cavallo, die kleine Kirche San Valentino aus dem 16. Jh. Sie weist einen charakteristischen Glockenturm mit einem steilen Satteldach auf, das mit traditionellen, ineinander verkeilten Schindeln aus Lärchenholz gedeckt ist.

Im Inneren sind wertvolle Fresken aus der Spätrenaissance erhalten geblieben. Am waldbestandenen Fuß des Monte Cornetto, eingebettet im Grün der Landschaft und umgeben von zahlreichen kleinen Siedlungen, liegt **Folgarìa**, größter Ort und Verwaltungszentrum der gleichnamigen Hochebene. Gemeinsam mit der nahe gelegenen Siedlung Serrada bildet er ein stark besuchtes Fremdenverkehrszentrum, das mit modernen Wintersportanlagen ausgestattet ist. Folgarìa führt noch heute die Bezeichnung "Magnifica Comunità" (Generalgemeinde) zur Erinnerung an die Zeit, in der dieser kleine Bauernort gemeinsam mit Lavarone weitreichende Verwaltungsautonomie genoss. Im Sommer füllt sich sein bezauberndes, buntes historisches Zentrum und verwandelt sich in einen eleganten "Salon", der zu gemütlichem Shopping einlädt und häufig durch Trachtenveranstaltungen und Unterhaltungsprogramme belebt wird. Im August lockt das traditionelle Fest *La Brava part*, das sich auf eine alte Sage stützt und nach einer Hexe benannt ist, die in einer Höhle in der Nähe des Rio Cavallo lebte. Es handelt sich um einen großen Umzug mit geschmückten Karren, Trachtengruppen und Blaskapellen in ihrer traditionellen Kleidung. Dem Wagen der *Brava part* folgen andere, auf denen die alten Handwerkskünste dargestellt sind, deren Tätigkeit einst die soziale und wirtschaftliche Entwicklung der Bevölkerung dieser Hochebenen bestimmten: der Steinmetz, der Hirte, der Holzfäller, der Bauer, der Korbflechter und der Erzeuger von Holzgeräten. Wenn wir auf der Straße nach La-

Die alten Handwerksberufe der Hochebenen

Seit ältester Zeit entwickelte sich neben den traditionellen Beschäftigungszweigen der Landwirtschaft und der Forst- und Weidewirtschaft eine intensive Handwerkstätigkeit, die sich nach den Erfordernissen der Lokalbevölkerung richtete.

Auf den Hochebenen arbeiteten zahlreiche Handwerker, die alte Fertigkeiten beherrschten, wie die *Marangoni,* geschickte Tischler, die die Holzteile der Mühlen ersetzten und Schlitten und Karren für den Transport von Holz bauten, die *Ferèri,* Schmiede, die auf das Schleifen der Geräte von Holzfällern, Steinmetzen und Bauern und auf die Bearbeitung von Metallteilen der Karren und Mühlen spezialisiert waren, die berühmten *Brentelai* oder *Brentelèri* von Carbonare, die mit großer Geschicklichkeit Fässer, Bottiche, Körbe, Wannen (die sogenannten *Brente*), Holzleitern, Rechen, Stiele von Hacken und Schaufeln erzeugten, die *Scandoléti,* die die charakteristischen Holzschindeln herstellten.

Viele dieser Berufe sind nun bereits verschwunden, mit Ausnahme der *Brentelai,* von denen einige noch aktiv sind und heute vorwiegend Blumentröge aus Baumstämmen schaffen.

Um die Mitte des 19. Jh. war auch das Gebiet der Hochebenen von der Auswanderung betroffen: die lokalen Maurer, Bergleute und Steinmetze waren in aller Welt wegen ihrer Handfertigkeit und ihres Fleißes beim Bau von Straßen, Brücken, Stollen und Eisenbahnen gesucht. Ihre Tätigkeit übten sie in erster Linie im Raum der österreichisch-ungarischen Monarchie und am Hof von Wien aus, doch auch in Belgien, in der Schweiz und sogar in der fernen Mongolei, wo sie die transsibirische Eisenbahn bauten.

Auch diese Berufe gehören bereits der fernen Vergangenheit an, doch die Geschicklichkeit der Handwerker spricht heute noch aus zahlreichen Werken, die im Gebiet der Hochebenen zu besichtigen sind: die k.u.k.-Werke, die manuell erzeugten Steinstiegen in Lusern, einige alte Berghütten in Serrada, die Brunnen und die Häuser mit Portalen und Türstöcken aus Stein gehören zu den wertvollen Zeugnissen von historischem und kulturellem Interesse.

varone weiterfahren, erreichen wir in der Nähe der Ortschaft Costa den alten Bergbauernhof Spilzi mit dem Museo degli Usi e Costumi delle Genti Folgaretane (Heimatkundemuseum von Folgarìa), in dem Zeugnisse des ländlichen Lebens, der alten Berufe, der Sitten und Gebräuche der Magnifica Comunità (Generalgemeinde) von Folgarìa zu sehen sind. Die Ausstellungsräume dieses Volkskundemuseums enthalten neben Gerätschaften aus dem bäuerlichen Bereich eine historische Abteilung, die dem Ersten Weltkrieg gewidmet ist, und eine Lehrabteilung, in denen die Biotope und Forste des Trentino behandelt werden. Nahe der Senke von Costa erhebt sich auf dem Hügel des Naturschutzgebietes Echen die aus dem 16. Jh. stammende Wallfahrtskirche der Madonna delle Grazie, Schutzpatronin der Skifahrer Italiens. Die Stätte ist häufiges Ziel von Pilgerreisen und Sitz einer großen Messeveranstaltung, die alljährlich im September stattfindet. Nach der Ortschaft Carbonare erreichen wir schließlich die Hochebene von Lavarone, eine ausgedehnte Terrasse, die vom Vigolana-Massiv überragt wird. Das Gebiet zeichnet sich durch seine besondere urbanistische Gestaltung aus: Lavarone ist kein geschlossener Wohnort, sondern setzt sich aus zahlreichen kleinen Siedlungen zusammen, deren Namen sich von den Familien ableiten, die einst hier wohnten. Chiesa, Gionghi und Cappella sind die größten dieser Ortschaften. Als berühmte Fremdenverkehrsgegend, die bereits seit dem 19. Jh. Ziel der wohlhabenden Bürger aus Venetien und der Lombardei, wie auch des Wiener Adels war, ist die Hochebene von Lavarone nach wie vor äußerst beliebter Sommer- und Winterurlaubsort.

Wanderungen über die Festungswerke

Die zahlreichen Reste von Werken, Schützengräben, Stollen und Kriegsstellungen, die von den k.u.k.-Truppen im gesamten Raum der Hochebenen zum Angriff und zur Verteidigung angelegt wurden, dienen heute zum Gedenken an die Vergangenheit. Längs des so genannten "eisernen Gürtels" zwischen der Cima Vézzena und dem Dosso del Sommo kann der Wanderer eine faszinierende Tour unternehmen, die ihn an den bedeutendsten Militärbauten des Ersten Weltkriegs vorbeiführt. Auf der Hochebene von Folgarìa sind in der Nähe der Ortschaft Martinella auf einem Hügel, von dessen Spitze man ein herrliches Panorama des Pasubiomassivs und des Valle di Terragnolo genießt, die Ruinen der Werke Dosso delle Somme zu erkennen. In der Ortschaft Sommo Alto ist es möglich, die inneren Laufgräben des Werks Sommo Alto zu begehen. Weiter im Nordosten, nahe des Sommo-Passes, sind das halbverfallene Werk Cherle mit seinen Innengängen und Panzerkuppeln und die Scala dell'Imperatore (Kaiserstiege) zu besichtigen - ein langer Steinpfad, der in den Wald hinein und zur Ruine

eines alten Militärlazaretts führt. Auf der Hochebene von Lavarone erhebt sich in der Nähe des Ortes Óseli das österreichische Werk Gschwendt (Forte Belvedere).

Die einst zur Kontrolle des Val d'Astico entstandene Verteidigungsanlage ist heute die besterhaltene, deren ursprünglicher Bau die Zeit nahezu vollkommen überdauert hat. Seine Gänge, die für den Alltag der Soldaten vorbehaltenen Räume, die Laufgänge und die unterirdischen Stollen, die zu den Panzertürmen, zu den vorderen Kontrollstellungen und zu den Maschinengewehrplätzen führen, sind eine Besichtigung wert. Die Befestigungsanlage, die derzeit Sitz des Museo dei Forti degli Altipiani (Museum der Festungswerke der Hochebenen) ist, umfasst eine Sammlung von Kriegsmaterial, das aus verschiedenen Werken und von den Schlachtfeldern stammt, wie auch eine reichhaltige Ausstellung unveröffentlichter Fotografien. Auf der Hochebene von Lusern erheben sich knapp über dem Ort die Reste des Werks Lusèrn oder Cima Campo, in dem heute eine kleine Dauerausstellung zu sehen ist.

Im Raum der Vézzene sind schließlich die Ruinen der Werke von Busa Verle und Cima Vézzena zu besichtigen, einer Anhöhe, die einen herrlichen Ausblick auf die Seen des Valsugana, die Brentadolomiten, das Massiv der Vigolana und das Val d'Assa bietet. Auf dieser eindrucksvollen Strecke liegen nicht nur die sieben k.u.k.-Werke, sondern auch die Soldatenfriedhöfe von Folgarìa, Lusern und Slaghenàufi, in denen die Reste zahlreicher österreichischer und italienischer Soldaten ruhen, außerdem die Ruinen der Militäranlagen, die das Verteidigungssystem vervollständigten, das österreichisch-ungarische Heereskommando von Virti und das Werk Monte Rust bei Lavarone, das als Beobachtungsstelle zur optischen Signalübermittlung diente.

Werk Gschwendt,
Innenansicht

Werk Gschwendt

Werk Sommo Alto

Ausgehend von der Siedlung Chiesa gelangen wir, wenn wir uns in Richtung Gionghi bewegen, schon bald zum bezaubernden Lago di Lavarone, einem kleinen Karstsee, der in einer Senke zwischen dem Dos de la Comare und dem Monte Rust liegt.

Eingebettet in eine romantische, ruhige Umgebung inmitten von Lärchen- und Fichtenwäldern, übt er eine starke Anziehungskraft auf die Sommerurlauber aus.

Auf der Hochebene von Lavarone mangelt es gewiss nicht an bemerkenswerten Zeugnissen der Kunst. Neben den zahlreichen Tabernakeln und den verschiedenen Kapellen, die in jeder Siedlung als direktes Zeichen für den Glauben des Volkes errichtet wurden, erhebt sich auf einem Felsen in Panoramalage die hübsche kleine, der Madonna von La Salette geweihte Votivkirche. Es ist ein Gotteshaus der Emigranten, gebaut von den Bewohnern dieser Gegend, die im Laufe des 19. Jh. nach Frankreich auswanderten.

Nach der Ortschaft Gionghi - wo der Bildhauer Antonio Giongo geboren wurde, der den Neptunsbrunnen auf dem Domplatz von Trient schuf - erreichen wir, wenn wir auf der Hauptstraße in Richtung Monterovere weiterfahren, eine der bezauberndsten Stellen der Hochebene. Hier hüten die dichten Tannen- und Fichtenwälder zwei Naturjuwele von unvergleichlicher Schönheit: das Biotop von Malga Laghetto, einen See von hohem naturalistischem Wert, dessen Wasserspiegel prachtvolle weiße Seerosen zieren, und wenig davon entfernt eines der spektakulärsten Pflanzenmonumente, den *Avéz del prinzep*, eine mehrere Jahrhunderte alte Tanne, die als größte Europas gilt.

Nach Monterovere, einem wichtigen Verkehrsknotenpunkt, an dem verschiedene Straßenzüge zusammenlaufen - unter denen eine alte, panoramareiche Militärstraße zu erwähnen ist, die nach Caldonazzo führt und *Kaiserjägerweg* oder *Menadór* genannt wird - gelangen wir zur Hoch-

Lavarone, Kirche San Floriano

ebene von Lusern, dem kleinsten der drei Hochplateaus, doch sicher dem charakteristischsten. Zum Unterscheid von Folgarìa und Lavarone bildet Lusern, das sogenannte *Lånt von Cimbarn,* einen einzigen Ort, der den Namen der Hochebene trägt.

Die Pfarrkirche San Rocco mit ihrem spitzen Glockenturm im Tiroler Stil ist das Bindeglied zwischen dem oberen Teil des Ortes, der antiken Häusergruppe Tezze und den restlichen Wohnbauten.

Dank der Jahrhunderte langen Isolierung gelang es dieser Volks- und Sprachinsel, ihre antiken historisch-kulturellen Wurzeln nahezu intakt zu erhalten. **Luserna**/Lusern ist auch wegen der traditionellen Tätigkeit seiner Einwohner bekannt, die einst erfahrene Steinmetze waren, wie die

Symbole des Gemeindewappens zeigen, in dem ein Stemmeisen über einem Hammer abgebildet ist. Die hohe Kunst der lokalen Steinmetze ist heute an einigen Gebäuden von Lusern zu erkennen: Der Einsatz von Stein, das Vorliegen großer, spitzer Dachfenster, die Außentreppen und die Abdeckungen aus Zinkblech sind die Hauptelemente des typisch lokalen Baustils. Sehenswert sind das alte, aus Stein und Holz errichtete *Haus von Prükk,* in dem wertvolle Möbelstücke und Einrichtungsgegenstände von einst erhalten sind, und die Treppe in der Nähe des Hauptplatzes.

Die alten Gebräuche und Traditionen der zimbrischen Gemeinschaft belegt das Museo etnografico (Volkskundemuseum), das im Istituto Culturale Mòcheno Cimbro (Kulturinstitut für

Lusern, Volkskundemuseum

Lusern, Gemeindewappen

das Fersental und Lusern) eingerichtet ist und Gegenstände des ländlichen Lebens, Bilder, Fotografien und Funde aus der Vorgeschichte und aus den Kriegen zeigt.

Nach der Ortschaft Costalta erreichen wir die Hochebene der Vézzene, ein weites Wald- und Wiesenplateau, das sich in eine unberührte Natur fügt und auf dem typische Almhütten verstreut liegen.

Wenn wir wieder der Straße nach Folgarìa folgen, können wir auf der Höhe der Ortschaft

Carbonare zum Fricca-Pass abbiegen und bis zum Altopiano della Vigolana fahren, einer ausgedehnten Hochebene in der Senke zwischen dem Etschtal und dem Becken des Caldonazzo-Sees. Der Zauber dieser Landschaft liegt im prachtvollen Szenarium, das von den grünen Farbschattierungen der Wälder und Wiesen und von den alten Dörfern ländlichen Charakters beherrscht wird, die eine Atmosphäre des Friedens und der Ruhe umgibt. Auf den Hängen der Vigolana- und Marzola-Massive erheben sich **Centa San Nicolò, Vattaro, Vigolo Vattaro** und **Bosentino**, die panoramareichen kleinen Ortschaften dieser Hochebene.

Folgarìa

Gastronomie und heimische Produkte

Die zahlreichen Almhütten, die über die Bergwiesen verstreut liegen, sind ein typischer Ausdruck der Landwirtschafts- und Weidetätigkeit, die Jahrhunderte hindurch und bis vor kurzem noch die Wirtschaft dieses Gebietes gekennzeichnet hat, das seit jeher für die Güte und Reinheit seiner Käseprodukte bekannt ist. Noch heute ist ein Besuch der Sennereien im Sommer eine verlockende Gelegenheit, um diese bezaubernde Welt zu entdecken und die frische Milch, die nach alten Methoden erzeugte Butter und die ausgezeichneten Käsesorten zu kosten, unter denen der schmackhafte *Vézzena*, alle Varianten des würzigen *Asiago* (durchgelegen, mittelreif oder milde), der *Dolomiti*, der *Grana trentino* (der nie fehlen darf), die *Mozzarella*, frischer oder geräucherter Topfen und die Laibe milden Käses genannt seien. Alljährlich kann der Besucher auf der Hochebene der Vézzene bei den *Almweidefesten*, die im Juli und August stattfinden, nicht nur direkt der Milch- und Käseverarbeitung beiwohnen, sondern auch die bekömmlichen frischen Produkte kosten. Neben den allgemeinen, typischen Trentiner Gerichten sind die alten Spezialitäten von Lusern zu erwähnen: die *Tripbürst*, eine Wurst aus Schweinefleisch und Kuttelflecken, der *Bortondèl*, eine Räucherwurst aus Schweinslunge und -leber, der

Knoblauch und Pfeffer beigemengt wird, der *Corsenz*, ein Fladen aus Weißmehl und gekochten Kartoffeln, dem Äpfeln, Birnen und Feigen hinzugefügt und der im Rohr oder über der Holzkohle zubereitet wird, der *Kaiserschmarren,* ein mit Butter in der Pfanne zubereiteter, zerrissener Eierkuchen, der mit Preiselbeermarmelade oder Zucker auf den Tisch kommt.

Aus den Blumen und zahlreichen Kräutern, die auf den Wiesen und Weiden der Hochebenen gedeihen, werden ausgezeichnete Destillate gewonnen: die Enzian- und Wacholderliköre, wie auch der *Fior d'Alpe*, ein feiner aromatischer Likör, der durch Mischung sieben verschiedener Heilkräuter nach einem alten Geheimrezept hergestellt wird.

Das Blütenmeer gestattet außerdem die Produktion verschiedener Arten von Honig, unter denen der bekannte *Millefiori* zu erwähnen ist. Eine Gelegenheit, die sich der Gast nicht entgehen lassen darf, wenn er bei einem Spaziergang durch eine faszinierende Naturlandschaft heimische Speisen kennen lernen möchte, bietet sich durch die Veranstaltung La Magnarustega, die Tour der Wein- und Speisespezialitäten, die alljährlich auf der Hochebene von Folgarìa stattfindet und einem Weg folgt, der durch die Ortschaften Folgarìa und Mezzomonte führt.

ALTA VALSUGANA UND VALLE DEI MÒCHENI

In der Nähe der kleinen Ortschaft Vigolo Vattaro verlassen wir die Staatsstraße, die die Hochebene der Vigolana quert und in Richtung Fricca-Pass weiterführt.

Nach einer panoramareichen Abfahrt zum Caldonazzo-See befinden wir uns schon bald im oberen Valsugana.

Durch dieses Tal glacial-fluvialen Ursprungs, das als breite Senke mit abgeflachter Mitte erscheint, fließt fast durchgehend der Brenta, ein bedeutender Wasserlauf, der den beiden Seen von Lévico und Caldonazzo entspringt. Unter "oberem Valsugana" (Alta Valsugana) versteht man den weiten Raum, der sich von den Osthängen der Marzola bis zur Ortschaft Roncegno Terme erstreckt. Im Norden begrenzen ihn die Gruppe des Gronlait-Fravòrt, die Panarotta, die Cima d'Orno und die Kette Lagorai-Cima d'Asta, im Süden die Berge, die die Hochebene von Asiago einfassen. Das Gebiet des oberen Valsugana, das seit ältester Zeit eine wichtige Durchzugsstrecke zwischen der venetischen Tiefebene und dem breiten Etschtal ist, umschließt einige der faszinierendsten Naturschönheiten des Trentino: die Thermalquellen, das blaue, klare Wasser der Seen, die sanften Hügel und die Hochgebirgslandschaft, die sich in zahlreichen malerischen Bergseen widerspiegelt.

Das Land ist auch reich an Geschichte und an Brauchtum, auf das wir in den kleinen Dörfern und alten Orten dieses bezaubernden Winkels des Trentino stoßen.

Schloss Pèrgine

◀ *Die Dampflokomotive des Valsugana, die bis 1973 in Betrieb war*

37

Die Seen

Die Seen des oberen Valsugana sind zweifellos das dominierende Element dieser Landschaft. Es ist zum Großteil ihnen zu verdanken, dass das Klima besonders milde und gesund ist und dass die Gegend so viele Sommerurlauber anzieht.

Dieser kleine Flecken Land enthält einige der schönsten Trentiner Seen: An erster Stelle seien der Lago di Caldonazzo, der größte ganz auf Trentiner Gebiet liegende See, und der Lago di Lévico erwähnt, der wegen seiner besonderen, an einen skandinavischen Fjord erinnernden Gestalt höchst malerisch ist. Diese beiden Seen bilden einen starken Anziehungspunkt für den Sommertourismus und sind besonders bei Gästen beliebt, die aus dem Raum nördlich der Alpen kommen. Die gut ausgestatteten Badestrände und Badeniederlassungen, die das Ufer säumen, wechseln mit kleinen pflanzenreichen oder sandigen Uferstellen, Biotopen und geschützten Arealen. Eingebettet in eine bezaubernde, ruhige Landschaft, sind diese Seen ideales Ziel für Wassersportanhänger, da sie sich für zahlreiche Aktivitäten eignen: vom Schwimmen und Windsurfen über Segeln, Kanufahren und Rudern bis zur Wasserskifahrt und zum Angeln. Auf ihnen werden alljährlich Sportwettbewerbe von nationaler und internationaler Tragweite veranstaltet.

Darunter sei der *Palio dei Draghi,* ein spannender Drachenbootbewerb genannt, der jedes Jahr im August auf dem Caldonazzo-See stattfindet. Dabei kämpfen die Mannschaften, die verschiedene Trentiner Gemeinden vertreten, an Bord der *Dragon bo-*

ats (charakteristische chinesische Ruderboote) um den Siegespreis. Weitere kleinere, doch nicht weniger reizvolle Seen sind der Laghetto delle Prese in der Gemeinde Roncegno, der schöne Canzolino-See, der sich durch seine Halbmondform auszeichnet, und der kleine Madrano-See. Die beiden letzteren liegen in der Senke des Costa-Tales in der Gemeinde Pèrgine Valsugana.

[3]

*1. Windsurfen
auf dem Caldonazzo-See
2. Dragon boat
3. Die Seen
von Caldonazzo und Lévico*

Calceranica al Lago, Kirche Sant'Ermete

Pèrgine Valsugana, Rathaus

Neben dem Wasserreichtum und den naturalistisch-landschaftlichen Schönheiten weist das Gebiet des oberen Valsugana außerdem zahlreiche interessante Spuren der Geschichte und Kunst auf. Der Besucher kann sie in den Hauptorten und auch in den kleineren Ortschaften bewundern, die auf dem Talboden oder den Hängen der Hügel verstreut liegen.

Wenn wir auf der Panoramastraße, die den Ort Bosentino mit dem Valsugana verbindet, bergab fahren, erreichen wir bald **Calceranica al Lago**, einen berühmten Urlaubsort am Westufer des Caldonazzo-Sees, am Fuße von Hügeln, die an Kastanienwäldern reich sind. Im oberen Teil der Ortschaft erhebt sich die romanisch-gotische Kirche Sant'Ermete - eines der ältesten Gotteshäuser des Valsugana, das über einem römischen Dianatempel entstanden ist -, und die alte Pfarrkirche Assunta, ein Bauwerk im gotischen und Renaissancestil. Im Inneren ist eine höchst wertvolle Orgel des Venezianers Callido erhalten, und im Sommer werden zahlreiche Orgelkonzerte für die Liebhaber dieser Art Musik abgehalten. In der Nähe des Südufers liegt der Ort **Caldonazzo**, der dem See seinen Namen gegeben hat, hingestreckt in einer weiten, grünen Ebene, die auf der einen Seite von üppigen Obstgärten, auf der anderen von grünen, bis zu den Felswänden des Monte Cimone vordringenden Wäldern gesäumt wird. Diese charakteristische Ortschaft des Valsugana hat sich die typischen Züge der alten Trentiner Bauernsiedlungen bewahrt. In der Ortsmitte, in der die im 14. Jh. urkundlich erwähnte und im 18. Jh. neu erbaute Pfarrkirche San Sisto dominiert, reihen sich schmale Gassen aneinander, die durch die alten *Pòrteghi* (Laubengänge) geschmückt sind. Hier sticht ein Mauergürtel mit ghibellinischen Zinnen hervor, der die Magnifica Corte umgibt - ein majestätisches Burggebäude, das aus dem 12. Jh. stammt, doch im Laufe des 18. Jh. erweitert wurde und einst Residenz der Familie Trapp war. Im Inneren sind interessante Wappenfresken der Grafen von Trapp, der Grafen von Tirol und der Herzöge von Österreich erhalten. Der kleine Ort San Cristoforo, ein gut ausgestattetes Fremdenverkehrs- und Badezentrum, scheint am Nordufer des Caldonazzo-Sees in die blauen Fluten einzutauchen. Der Ort zeichnet sich außerdem durch die kleine, antike Kirche San Cristoforo aus, die der Überlieferung zufolge auf dem Gipfel eines Hügels über der Ruine eines Tempels errichtet wurde, der Diana und Neptun geweiht war.

Wenn wir der Valsugana-Staatsstraße in Richtung Trient folgen, erreichen wir sehr bald **Pèrgine Valsugana**, ein lebhaftes Städtchen, das am Zugang zum Valle del Fèrsina liegt. Es zeichnet sich durch regen Handel und blühende Handwerks- und Industrietätigkeit, wie auch durch eine gut entwickelte Agrarwirtschaft aus. Diese Stadt ist das Verwaltungszentrum des oberen Valsugana und - nach der Einwohnerzahl und der politischen und wirtschaftlichen Bedeutung gemessen - hinter Trient und Rovereto die drittgrößte Stadt des Trentino. Das historische Zen-

trum von Pèrgine Valsugana ist sehr reizvoll und weist interessante Zeugnisse der Kunst auf: von den deutlichen Renaissancezügen der Via Maier, der sogenannten *Contrada 'taliana* (italienisches Stadtviertel), über die alten kleinen Kirchen und die Adelshäuser zu den schmalen Durchgängen und dem typisch mittelalterlichen Winkelwerk der Gassen. Bezaubernd ist der *Spiaz dele oche*, einst Bauernmarkt.

Dieser Platz wird von charakteristischen Wohnhäusern abgegrenzt, die sich dicht aneinander drängen. Sie zeichnen sich durch Holzbalkone, die sogenannten *Pontesei* aus, auf denen einst das Getreide getrocknet wurde. Sehr reizvoll ist auch die Piazza del Municipio oder *Piaza granda* mit dem Gemeindepalais, das eine elegante romanische Steinstiege mit wertvollen schmiedeeisernen Werken schmückt. Ein außergewöhnliches Beispiel spätgotischer Architektur ist die antike

Caldonazzo, Hof der Trapp-Burg

Pfarrkirche von Pèrgine, von den Bewohnern des Ortes *Césa granda* genannt, ein eindrucksvolles Gebäude aus rotem Stein, das der Beata Vergine Maria, der Jungfrau Maria geweiht ist. Über dem Wohnort erhebt sich auf der Spitze des Colle Tegazzo das Castel Pèrgine, eine Festung, von der sich ein unvergleichliches Panorama der Senke von Pergine und des Caldonazzo-Sees bietet. Castel Pèrgine, ein typisches Beispiel einer mittelalterlichen Burg, die im Laufe der Zeit durch verschiedene Baustile erweitert wurde, teilt sich in zwei befestigte Gebäudekomplexe: die mittelalterlichen Verteidigungsstellungen, wie der Hauptturm und die Nebentürme, und die Wohnanlagen im Renaissancestil.

Der "Tropfenkerker" im Burginneren und die "Kaminkammer", in welcher der Sage nach einst eine geheimnisvolle weiße Dame erschien, erinnern an weit zurückliegende Begebenheiten. In der Burg - heute Restaurant und Hotel - werden alljährlich innerhalb der beiden Mauergürtel be-

deutende Ausstellungen zeitgenössischer Kunst gezeigt. Wenige Kilometer von Pèrgine entfernt ist in der Ortschaft Montesei in der Nähe des kleinen Ortes Serso eine archäologische Ausgrabungsstätte zu besichtigen, an der die Reste einer vorgeschichtlichen Siedlung aus der Zeit von 1800 v. Chr. gefunden wurden. Ausgehend von Pèrgine dringen wir, nachdem wir die Ortschaft Canezza hinter uns gelassen haben, in die interessante Volks- und Sprachinsel des Valle dei Mòcheni ein, auch Valle del Fèrsina (Fersental) genannt, die ebenfalls in ökologischer Hinsicht wertvoll ist. Das Tal ist ein wahres Juwel inmitten grüner Weiden und dichter Wälder, die sich im Herbst in voller Farbenpracht entfalten und das Tal in ein wunderbares Gobelinstück verwandeln, das aus bunten Farben und vor allem leuchtenden Rot- und Gelbtönen gewoben ist. Das Tal liegt eingebettet in eine raue, unberührte Natur, in der Friede und Ausgeglichenheit den ruhigen Takt der Zeit angeben.

*Valle
dei Mòcheni*

Das Valle dei Mòcheni (Fersental)

Auch das Valle dei Mòcheni wurde, so wie die Hochebenen von Folgarìa, Lavarone und Luserna (Lusern), im Mittelalter von germanischen Stämmen massiv besiedelt. Im oberen Fersental jedoch gesellte sich zu den Ansiedlungen ländlicher Art im 13. und 14. Jh. die intensive Bergbautätigkeit deutscher Knappen hinzu (hier *knopn* oder *canòpi* genannt), die zumeist aus dem heutigen Südtirol und dem Inntal stammten. Die Sprache dieser Siedler war ein deutscher Dialekt (*Mòchen*), der zwar im Laufe der Jahrhunderte vom Italienischen und von der Trentiner Mundart durchsetzt wurde, sich in den Orten Palù del Fèrsina (Palae en Bersntol), Fierozzo (Vlarötz) und Roveda (Oechlait) aber noch gut erhalten hat, während er in der Gemeinde Frassilongo (Garait) schwächer wird. Als der intensive Abbau von Kupfer, Blei, Silber und Quarz ein Ende gefunden hatte, sah sich die Fersentaler Bevölkerung gezwungen, die kargen Erträge der Landwirtschaft durch eine intensive Handwerkstätigkeit aufzubessern. So verbreitete sich die Produktion von Holzschuhen, *Dàlmedre* genannt, von Fassdauben und Hausrat, wie Kämmen, Tüchern und anderen kleinen Gegenständen, die von den Wanderverkäufern, den *Kròmeri*, exportiert wurden. Dieser Krämerhandel ist nun bereits verschwunden, bis auf den Verkauf von Tüchern. Neben dem altdeutschen Dialekt, dessen Spuren heute in den lokalen Ortsnamen noch gut erkennbar sind, haben sich die Fersentaler ein reiches Kulturgut erhalten, das sie seit Jahrhunderten weitergeben. Darunter ist der religiöse Brauch der Sternsinger - ein wichtiger Moment des Zusammenhalts der Gemeinschaft - und der charakteristische Fasching zu nennen.

Valle dei Mòcheni, typischer Berghof

Dreikönigsstern

Die Berglandschaft des Valle dei Mòcheni zeichnet sich außerdem durch die typische Anordnung der Streuhöfe auf den Hängen aus - ein Überbleibsel der deutschen Besiedlung mittelalterlicher Zeit, die eine Aufteilung des Gebiets in Höfe (*masi*) vorsah. Wir stoßen auf zahlreiche Berghütten mit typischen Schindeldächern, deren Bauweise an die Tiroler Berghöfe erinnert. Wenn wir auf der Straße, die über den Westhang des Tales führt, weiterfahren, erreichen wir nach der Siedlung Mala **Sant'Orsola**, einen berühmten Luftkurort, der dank des arsen- und eisenhaltigen Mineralwassers, das aus einem alten Bergwerk am Fuße des Ortes sprudelt, auch als Thermalzentrum bekannt ist.

Wenig später gelangen wir zur Gemeinde **Palù del Fèrsina** (Palae en Bersntol), dem höchstgelegenen Ort des Tales, in dem das Kulturinstitut für das Fersental und Lusern/*Bersntol* seinen Sitz hat. Diese Einrichtung verfolgt den Zweck, die deutschen Sprachminderheiten zu schützen und die Erforschung der Sprache, der volkstümlichen Überlieferung und der Kultur des Fersentales zu fördern. Auf dem Weg, der zum Erdèmolo-See (Hardömblsea) in der Lagoraikette führt, ist das Bergwerksmuseum *Grua va Hardömbl*, ein bedeutendes Zeugnis der alten Bergbautätigkeit dieser Gegend, zu besichtigen.

Auf der gegenüberliegenden Talseite liegt die Gemeinde **Fierozzo** (Vlarötz), die sich aus den zwei Siedlungen San Francesco (Sankt Franz) und San Felice (Sankt Felix) zusammensetzt. In der Nähe des letztgenannten Ortes ist ein volkskundlich sehr interessantes Gebäude, der *Filzerhof* zu besichtigen, ein Bauerngehöft, in dem die Zeugnisse der fersentalerischen Bevölkerung zusammengefasst sind und das an die alten Berufe, die Sitten und Gebräuche der Lokalbevölkerung erinnert. Auf der Straße, die oberhalb des linken Fèrsinaufers verläuft, erreichen wir die Ortschaft **Frassilongo** (Garait).

Von hier erstreckt sich eine Panoramastraße, die von typischen Berghütten gesäumt wird, zur Siedlung Roveda (Oechlait) und nach *Kamaovrunt*, von wo aus leichte Wanderrouten zu den Bergen Fravòrt und Gronlait führen und an den

Valle dei Mòcheni,
typische Schindeldächer

Bergwerksmuseum
"Grua va Hardömbl"

Europäischen Weitwanderweg E5 und den Friedenspfad anschließen. Wenn wir nach unserer Rückkehr nach Pèrgine auf der Valsugana-Staatsstraße weiter in Richtung Padua fahren, sehen wir den ruhigen Ort **Tenna** hingeschmiegt auf einem grünen Hügel zwischen dem Caldonazzo- und dem Lèvico-See, begrenzt von üppigen Obstgärten auf der einen Seite und einem grünen Föhrenhain auf der anderen. Das nahe gelegene k.u.k.-Festungswerk und die kleine Kirche San Valentino, die auf dem Colle di Brenta liegt, bieten einen unvergleichlichen Ausblick auf das gesamte obere Valsugana.

Fahren wir auf der Hauptstraße weiter, so erreichen wir **Lévico Terme,** einen reizvollen, zum Lévico-See blickenden Ort am Südhang der Panarotta. Dieser alte Thermalkurort verdankt seine Berühmtheit neben der günstigen geographischen Lage und dem gesunden Klima auch den therapeutischen Eigenschaften des arsen- und eisenhaltigen Wassers, das in Italien einzigartig und europaweit sehr selten ist. Es entspringt einer tiefen Höhle, die sich im höher gelegenen Thermalzentrum Vetriolo befindet. Bereits im 19. Jh. waren die Thermen von Lévico Ziel des europäischen Hochadels und des österreichischen Kaiserhofs, der den Ort 1899 zur Stadt erklärte. Noch heute ist die Thermalanlage ideal für einen Kuraufenthalt, der seelisches und körperliches Wohlbefinden vermittelt. Die erholsame, elegante kleine Stadt hat sich ihr Aussehen des 19. Jh. bewahrt: Die Gärten, die Blumenalleen und der große Thermalpark lassen die Atmosphäre der *Belle Époque* wieder aufleben.

Der alte Teil des Ortes, der von der Pfarrkirche Redentore beherrscht wird, ist einen Besuch wert: Hier drängen sich charakteristische Kaufläden des lokalen Handwerks zwischen antiken Gebäuden und Adelspalais. Wenig vom Zentrum entfernt liegt der Colle di San Biagio, den wir zu Fuß erreichen können: ein archäologisch

sehr interessantes Areal, von dem man einen herrlichen Ausblick auf den See genießt. Hier erhebt sich die gleichnamige kleine Kirche (ein wahres mittelalterliches Juwel), in der sich wertvolle Fresken aus dem 14., 15. und 16. Jh. erhalten haben. Wenn wir weiterfahren, erreichen wir den Col de le Bene, einen Hügel, der den See überragt und auf dessen Gipfel sich das gleichnamige Festungswerk erhebt. Die von den Österreichern zur Zeit des Ersten Weltkriegs errichtete Anlage diente als Militärbasis und als Beobachtungsstelle für das Durchzugsgebiet zwischen dem Trentino und Venetien. Unweit von Lévico ist in der Siedlung Selva auf einem steilen, panoramareichen Hügel, den Weingärten bedecken, die Ruine von Castel Selva zu besichtigen, während auf dem Gegenhang der Pizzo di Lévico mit dem Werk Cima Vézzena den

Lévico, Thermenpark

Ort überblickt. In der Wintersaison laden die beschneiten Hänge der nahe gelegenen Panarotta zur Alpinskifahrt, zu Skitouren und zum Langlaufen ein.

Auf der alten Valsuganastraße erreichen wir nach der Ruine einer alten Befestigungsanlage, zu der die Türme Tor Quadra und Tor Tonda von **Novaledo** bzw. Màrter gehörten, **Roncegno Terme**, eine kleine Ortschaft in aussichtsreicher, sonniger Lage, die wegen der heilenden Eigenschaften ihres arsen- und eisenhaltigen Wassers von alters her als Thermalzentrum bekannt ist. So wie Lévico Terme war auch Roncegno bereits ab dem 19. Jh. beliebtes Ziel des europäischen und vor allem österreichisch-ungarischen Adels. Seine Bedeutung als Thermalort stieg so sehr an, dass er 1887 mit kaiserlichem Erlass zur "Borgata" (Ortschaft) erklärt wurde.

Novaledo, Tor Quadra

Werk Colle delle Benne

Gastronomie und heimische Produkte

Das abwechslungsreiche kulinarische Angebot des oberen Valsugana basiert im Wesentlichen auf der Verwendung naturreiner Produkte aus der Land- und Weidewirtschaft, die seit Generationen gepflegt wird. Neben den herkömmlichen Trentiner Gerichten und der berühmten *Valsugana-Polenta* bietet die Küche des Tales zahlreiche Spezialitäten.

Hier seien sie mit ihren alten Dialektbezeichnungen genannt: die *Pestarei*, in Milch und Wasser gekochte und mit zerlassener Butter servierte Mehlklumpen, der *Trisotto*, eine Suppe aus Polentamehl, Milch und Salzwasser, die *Panàda*, eine mit Butter aufgebesserte Brotsuppe, die *Farina brustolada*, Weißmehl, das mit Zwiebelringen goldgelb geröstet wird und sich hervorragend als Beilage zur *Polenta di patate* (Kartoffelpolenta) eignet, die *Patate con i ciciòtoli*, in Salzwasser gekochte und mit Schweinsgrammeln geröstete Kartoffeln, der *Conziero*, zerlassenes Fett, das sich für die Zubereitung von Gemüse anbietet, die *Baldrighi*, im Wasser gekochte oder in der Pfanne geröstete Blutwürste mit Pinienkernen, Rosinen, Mandeln und Nüssen, und schließlich die *Peverada*, eine Sauce aus Butter, Semmelbrösel, Salz, Pfeffer und Brühe.

Caldonazzo ist wegen seiner ausgezeichneten Äpfel und der *Festa della mela* bekannt, eines traditionellen Apfelfestes, das im September stattfindet und Gastronomiepfade bietet, die um diese erfrischende Frucht kreisen, außerdem wegen der Trachtenveranstaltungen und Vorführungen lokaler Handwerkskunst. Die Kastanie ist hingegen für das Gebiet von Roncegno charakteristisch. In diesem kleinen Ort im oberen Valsugana wird alljährlich im Oktober die *Festa della castagna* (Kastanienfest) veranstaltet. Bei diesem Ereignis kann der Besucher verschiedene Spezialitäten kosten, die mit diesem schmackhaften Produkt zubereitet werden, während er auf stimmungsvollen Pfaden, an Berghöfen vorbei durch die Kastanienhaine der Gegend wandert. Pèrgine und die umliegende Ebene sind berühmt für die Erzeugung von Kleinobst: Neben den Kirschen, die in den Obstgärten von Susà gedeihen, seien die Erdbeeren, die Heidel- und Preiselbeeren, die Himbeeren, die Brombeeren und die Ribiseln genannt, die sich ausgezeichnet zur Zubereitung von Marmeladen und zum Einlegen eignen. Den Feinschmeckern bietet die traditionelle *Festa della ciliegia e dei piccoli frutti* (Kirschen- und Beerenfest) zwischen Juni und Juli im Ort Pèrgine Gelegenheit zum Kosten dieser bekömmlichen Produkte.

Nicht zu vergessen sind die typischen Gerichte des Valle dei Mòcheni, die auch bei den zahlreichen Volksfesten aufgetischt werden, wie sie regelmäßig in den größeren Orten des Tales stattfinden: die *Rofioletti mòcheni*, leckere Ravioli, die mit Porree, Wirsingkohl, Zwiebeln, Trentiner Granakäse und Zimt gefüllt sind, und der *Strabol*, ein Gemisch aus Milch, Mehl, Zucker, Grappa, Eiern und Bier, das in Öl frittiert und mit Staubzucker bestreut wird.

Eine besondere Erwähnung verdient die Veranstaltung *Bersntolring*, die im August stattfindet: Zu Fuß, zu Pferd oder mit dem Mountainbike legt der Teilnehmer eine Strecke zurück, die ihm die Schönheit der Landschaft erschließt und die Traditionen und Gastronomie des Valle del Fèrsina nahe bringt.

Bassa Valsugana und Hochebene von Tesino

Wir lassen nun die Siedlung Roncegno hinter uns und fahren auf der Staatsstraße einige Kilometer in Richtung Padua, wonach wir in das Gebiet des unteren Valsugana, in dieses Tal eindringen, das sich von der Enge von Borgo Valsugana bis zur Grenze der Provinz Vicenza ausdehnt und in seiner gesamten Länge vom Oberlauf des Brenta durchflossen wird.

Von alters her bildet das untere Valsugana die Trentiner Pforte zur Adria und ist ein elementarer Punkt der Verbindung zwischen dem Etschtal und dem venetischen Tiefland. Auch wenn es in territorialer Hinsicht die Fortsetzung des oberen Valsugana - Heimat der Seen und der Thermen - ist, unterscheidet es sich davon in Bezug auf die Landschaft und den Charakter.

Der weite Talgrund wird im Norden von der Lagoraikette abgeschlossen, aus der das Cima d'-Asta-Massiv herausragt, im Süden von den Felswänden der Cima Undici und der Cima Dodici. In diese Berggruppen dringen malerische, enge Täler ein, wie auf der Nordseite das Val Calamento und das Val Campelle und auf der Südseite das Val di Sella.

Auf den Nordhängen des Brentabeckens erstrecken sich Wiesen und grüne Weiden, die

◀ Borgo Valsugana

Hochebene von Tesino

Land der Höhlen

Im Raum des unteren Valsugana und des Gebietes Tesino können wir einige der weitesten Karsthöhlen des gesamten Trentino erforschen. Unter den bekanntesten sei die Grotta della Bigonda in der Nähe von **Ospedaletto** erwähnt, die mit ihren ca. 25 km Galerien und Stollen, Sälen und Siphons die längste des Trentino und eine der beeindruckendsten ganz Italiens ist: Im Gemeindegebiet von **Grigno** liegen die Grotta del Calgerón, die durch kleine Seen und Wasserfälle charakterisiert wird, und die Grotta di Ernesto. Die Grotta di Castello Tesino am rechten Ufer des Senàiga-Wildbachs heißt auch Bus de la Iora (*Iora*, ein Trentiner Dialektausdruck für Trichter, deutet auf die besondere Struktur des ersten Höhlenabschnitts hin, der die ungestümen Wasser des Wildbachs verschluckt; dabei ist ein charakteristisches Geräusch zu hören, das an einen riesigen Trichter denken lässt). Es ist eine an Stalaktiten und Stalagmiten reiche Höhle, die sich durch eine Vielfalt an Ablagerungen und durch Säle mit spektakulären Effekten auszeichnet. Diese in touristischer Hinsicht perfekt organisierten, faszinierenden Stätten, die der Besucher auf ausgestatteten Rundwegen in Begleitung erfahrener Führer durchstreifen kann, sind ein ideales Ziel für Höhlenforscher. Sie ziehen aber ausnahmslos alle in ihren Bann, die sich in diese raue, doch höchst interessante unterirdische Welt der Formen und Bilder, in dieses Wunderwerk der Natur wagen.

Grigno, Grotta di Ernesto

von den waldbestandenen Flächen der Hochebene von Tesino umgeben sind. Diese Naturlandschaft weist zum Teil liebliche, zum Teil raue Züge auf und ist reich an Winkeln, die es zu entdecken und zu erforschen gilt.

In geologischer Hinsicht zeichnet sich das Gebiet des unteren Valsugana und des Tesino durch das Vorliegen zahlreicher natürlicher, höchst faszinierender Grotten aus.

Zum Unterschied vom oberen Valsugana häufen sich die Siedlungen des unteren Talabschnitts auf dem sonnigen linken Brentaufer, von wo sie das östliche Valsugana beherrschen, auf dessen Talboden sie sich zwischen Obstgärten, auf Schuttkegeln oder Moränenterrassen ausbreiten. Wenn wir von Roncegno kommend in Richtung der venetischen Grenze weiterfahren, erreichen wir bald **Borgo Valsugana**, den Hauptort

Borgo Valsugana,
Burg Telvana

des unteren Talsektors, ein Zentrum der Wirtschaft, des Handels und der Verwaltung. Es ist eine alte Ortschaft römischen Ursprungs, die wegen ihrer historischen und wirtschaftlichen Bedeutung und der besonderen geographischen Lage schon immer eine vorrangige Rolle gespielt hat. Durch den Ort fließt der Brenta, der zur Verschönerung des historischen Ortszentrums beiträgt und charakteristische, höchst stimmungsvolle Bilder bietet. Im ältesten Teil des Ortes fällt der Baucharakter auf, der mehr dem venezianischen als dem Trentiner Stil gleicht, was sich an den Säulengängen des Lungo Brenta, an den kleinen Brücken, die über den Fluss führen, und am Bezirk Borgo Vecchio mit seinem Winkelwerk an Gassen zeigt, die an alten Gebäuden vorbeiführen.

Bemerkenswert ist auch der Corso Ausugum - die parallel zum Brenta verlaufende Hauptstraße, der sich elegante, mit majestätischen Portalen und barocken Balkonen gezierte Häuser zuwenden. Unter den wichtigsten sakralen Bauten sei die Pfarrkirche der Beata Vergine Maria mit dem eindrucksvollen Glockenturm in typisch venezianischem Stil genannt, die im 11. Jh. urkundlich erwänt wurde und in der zweiten Hälfte des 17. Jh. die heutige barocke Form erhielt, die kleine gotische Kirche San Rocco, in deren Innerem sich ein bedeutender Freskenzyklus aus dem 16. Jh. erhalten hat, der das Leben des Kirchenpatrons Rochus darstellt, und die Kirche Sant'Anna aus dem 17. Jh.

Einen Besuch ist auch die im 17. Jh. erbaute Kirche Madonna di Onèa wert, in der ein eindrucksvoller Altar, wertvolle Fresken und andere Kunstwerke zu sehen sind. In der Nähe von Borgo Valsugana erhebt sich auf den sonnigen Hängen des Monte Ciolino Castel Telvana, eine interessante mittelalterliche Festung, die mit ihrer äußeren Kurtine, der massiven Bastei, dem Freiherrngebäude, dem Hof und den zwei Türmen den Borgo Vecchio beherrscht. Die Burg ist

über einen alten Saumpfad, der dem sogenannten Sentiero dei castelli (Weg der Burgen) folgt, leicht erreichbar.

Der vom historischen Ortskern von Borgo ausgehende Weg führt bis Castel Telvana und verläuft dann weiter bis zur mittelalterlichen Ruine der Burg San Pietro in Torcegno, zur Ruine von Castel Arnana und zur Ruine von Castellalto, die beide in der Gemeinde **Telve** liegen. Nachdem wir Borgo Valsugana verlassen haben, erreichen wir den kleinen Ort Olle am rechten Brentaufer und dringen in das romantische Valle di Sella ein, eine seit jeher für den Sommerurlaub beliebte Gegend. Wenn wir der Panoramastraße folgen, die im Grün der Wiesen und Buchenwälder den Moggio-Wildbach entlang führt, gelangen wir in die Nähe der Montagnola, einer Anhöhe, die eine atemberaubende Aussicht auf das obere Valsugana und die Seen von Lévico und Caldonazzo bietet. Auf den Hängen der nahen Catena dell'Armentera erhebt sich das alte kleine Gotteshaus San Lorenzo, eine charakteristische Bergkirche, die sich durch einen in die Fassade eingefügten Kappen-Glockenturm und durch das steile, mit Schindeln gedeckte Sattel-

dach auszeichnet. Im Inneren haben sich wertvolle Fresken erhalten, von denen einige aus der Zeit vor dem Jahr 1000 stammen. Das Tal ist auch wegen der Veranstaltung *Arte Sella* bekannt, einer internationalen zweijährigen Ausstellung zeitgenössischer Kunst, die auf den Wiesen, in den Wäldern und im Flussbett des Moggio stattfindet. Die Künstler benutzen Naturmaterialien für die Erzeugung ihrer Werke, die nach der Fertigstellung am Ausstellungsort bleiben, wonach sie dem natürlichen Zyklus folgen und wieder mit ihrer Umgebung eins werden.

Wenn wir ins Tal zurückkehren und auf der Staatsstraße bis zur Höhe der Ortschaft Roncegno in Richtung Trient fahren, können wir auf die Panoramastraße einbiegen, die nach **Ronchi** führt. Diese charakteristische Ortschaft ist von dichten Kastanienhainen und von Geländeterrassen umgeben, auf denen Berghütten und -höfe verteilt liegen, von denen sich einige bis heute die typische Gebäudeform des Valsugana bewahrt haben.

Wenig später erreichen wir die in einem bezaubernden alpinen Rahmen gelegene grüne Hochebene, auf der sich **Torcegno** - eine kleine Ortschaft, die sich durch Gruppen von Häusern mit Hinterhöfen und charakteristischen Söllern auszeichnet - und **Telve di Sopra** befinden. Von hier dringen wir, wenn wir dem Lauf des Maso-Wildbachs folgen, in das Val Calamento ein, das von Weiden, Wiesen und Wäldern bedeckt ist und in dem Berghäuser und Almhütten verstreut liegen. Das Val Calamento ist nicht nur ein ausgezeichneter Ausgangspunkt für verschiedene Touren im Lagorai, sondern ermöglicht durch den Mànghenpass auch die Verbindung vom Valsugana zum Val di Fiemme (Fleimstal). Nach Borgo Valsugana zurückgekehrt, können wir nach den Ortschaften **Castelnuovo** und **Scurelle** der Straße folgen, die durch das Val Campelle aufwärts führt. Dieses an Naturlehrpfaden reiche

*Bassa Valsugana,
im Vordergrund Telve di Sopra*

Val Calamento

Tal bietet sich für Touren an, die in Richtung Valle Caldenave, Valle dell'Inferno, Cinque Croci-Pass, Cima d'Asta und zu den zahlreichen kleinen, im Lagorai liegenden Seen führen.

Nach unserer Rückkehr ins Tal erkennen wir, wenn wir die Höhe von **Ivano Fracena** in der Nähe von **Strigno** erreichen, den viereckigen Hauptturm des prachtvollen Castel Ivano, einer alten Burg, die den Wohnort von einem Felshügel am äußersten Ausläufer des Monte Lefre beherrscht. Wegen der strategisch günstigen Lage an der Straße, die Venetien mit dem Trentino verbindet, erfuhr die Festung im Laufe der Jahrhunderte verschiedene Belagerungen und Zerstörungen, deren letzte auf die Zeit des Ersten Weltkriegs zurückgeht. Die Burg, derzeit Privateigentum und Niederlassung der Kulturvereinigung "Centro Culturale Castel Ivano Incontri", ist wegen ihrer unermüdlichen kulturellen Tä-

tigkeit bekannt, die die Organisation bedeuten-
der Tagungen, Ausstellungen zeitgenössischer
Kunst und Veranstaltungen internationaler
Tragweite umfasst.

Nach Strigno fahren wir auf der Straße, die zur
Ortschaft **Bieno** führt, weiter bis zur bezaubernden Hochebene von Tesino, einer grünen Senke,
in der ausgedehnte Wiesen, Weiden und bebaute Felder mit waldbestandenen Hügeln abwechseln. Die Hochebene, die spektakuläre, einzigar-

tige Ausblicke bietet, ist von der Lagoraikette
umgeben, auf deren Gipfeln im Ersten Weltkrieg die italienisch-österreichische Front verlief.
Das Tesino bildet wegen der geographischen Lage, die Isolierung bewirkte, wie auch wegen der
besonderen historisch-politischen Ereignisse
und traurigen Vorkommnisse der Vergangenheit
eine Kulturinsel, die sich stark vom nahen unteren Valsugana abhebt.

Denken wir bloß an den Charakter der Bevölkerung, an den lokalen Dialekt, der sich grundlegend von dem des Talbodens unterscheidet,
und an die alten Sitten und Gebräuche.

Ivano Fracena, Burg Ivano

Die Wanderhändler
und das Brauchtum des Tesino-Gebietes

Das Tesino-Gebiet war seit jeher ein an Reserven armes Land, und lange Jahre hindurch sahen sich die Bewohner gezwungen, als Saisonarbeiter auszuwandern und sich anderswo den Lebensunterhalt zu verdienen. Bereits ab dem 17. Jh. kam zur ursprünglichen Wald- und Weidewirtschaft der Wanderhandel hinzu, der zunächst an den Verkauf von Zündsteinen für Büchsen gebunden war, sich aber dann dem einträglicheren Geschäft der Kunstdrucke und in jüngerer Zeit der Stoffe zuwandte. Im Laufe dreier Jahrhunderte verbreitete sich bis zum Ende des 19. Jh. der Handel der Wanderverkäufer aus dem Tesino in Europa, in Amerika und sogar in Russland. Im Ausland gelang es einigen Emigranten, Fachfirmen für den Verkauf religiöser Drucke zu gründen, die später berühmt wurden, und in manchen Fällen Wohlstand zu erwerben und soziale Stellungen von beachtlichem Rang zu erreichen.

Wenn wir von der Epoche der Wanderhändler von Tesino sprechen, dürfen wir die Geschichte der Gebräuche dieser Bevölkerung nicht vernachlässigen. Von großer Bedeutung sind vor allem die traditionellen Gewänder der Frauen, während die Herrenkleidung jüngeren Ursprungs ist. Es handelt sich um charakteristische Trachten, die zu den ältesten und interessantesten des gesamten Alpenraumes zählen. Seit dem 17. Jh. wurden die Kostüme der Frauen mit Details verziert, die von den Phasen im Leben der Wanderhändler zeugen: Bei ihrem saisonbedingten Umherziehen im Ausland kauften sie französischen Samt, bunte Tiroler Umhängetücher, wertvolle Stoffe und Granatketten aus Kärnten, um sie bei ihrer Rückkehr in die Heimat ihren Gattinnen zu schenken. Mit dem Schutz der Volksbräuche des Tesino befassen sich heute einige zu Kulturvereinigungen zusammengeschlossene Folkloregruppen. Sie entwickelten sich bereits in den ersten Jahrzehnten des 20. Jh. und zählen heute beinahe hundert Jahre. Dem Volksbrauch entsprechend griffen die Musik und die lokalen Tänze Ereignisse aus dem Alltag auf und stellten so einen bedeutenden Moment im Gemeinschaftsleben dar. Noch heute erzeugen die Folkloregruppen eine mitreißende Atmosphäre, wenn sie neben den traditio-

*Altes Transportmittel des Wanderhandels
(Ausstellung "I Santi nell'armadio",
Castello Tesino, 1996)*

nellen Trachten des Tales ihr reiches Repertoire an Tänzen und Musikstücken darbieten, die durch verschiedene Kulturen beeinflusst wurden. Zu den charakteristischen Tänzen gehören die *Smolfrina*, ein traditioneller Springtanz aus den italienischen Alpenregionen, die *Paris,* die *Stiriana* und die *Bucovina*.

Die Trachtengruppen des Tesino, die heute zu den bemerkenswertesten der Alpen zählen, treten bei zahlreichen Volksfesten auf, die regelmäßig auf der Hochebene stattfinden.

Zu nennen sind hier das *Fest des Schutzheiligen San Giorgio*, die *Giochi del Vescovado* und die pittoreske Veranstaltung *Il Biagio delle Castellare*, die Auftritte in historischen Kostümen und charakteristische historische Umzüge umfasst.

Die über das liebliche, sanft gewellte Hochland des Tesino verteilten Siedlungen weisen noch zahlreiche Zeugnisse der Vergangenheit auf und fügen sich harmonisch in die Naturlandschaft.

Der erste Ort, den wir auf der Hochebene erreichen, ist das antike **Pieve Tesino** am südlichen Bergfuß des Monte Silana. Die Häuser drängen sich um die Piazza Maggiore, in deren Zentrum ein charakteristischer achteckiger Brunnen aus rotem Stein steht. Zum Platz blicken das alte Rathaus, das einen eleganten Portikus aus dem 15. Jh. aufweist, und einige vornehme Herrschaftshäuser.

Unter den sakralen Bauten sei die monumentale Pfarrkirche Assunta genannt, eine der schönsten gotischen Kirchen des Trentino, die aus dem 12. Jh. stammt und später im Laufe des 14. und 15. Jh. umgebaut wurde. Ein kurzer Spaziergang führt uns zum Colle di San Sebastiano, auf dessen Hügel die gleichnamige Kirche aus dem 15. Jh. mit ihrem hübschen romanischen Glockenturm steht.

Pieve Tesino ist ein vielbesuchter Urlaubsort, da seine Umgebung vor allem in der Sommerzeit die Möglichkeit zu angenehmen Ausflügen bietet, unter denen jener zur Spitze des Monte Silana genannt sei, von der wir einen prachtvollen Ausblick auf das untere Valsugana, die Vette Feltrine und die Cima d'Asta-Gruppe genießen. Vom nahe gelegenen Valmalene können wir auf Wanderwegen und Forststraßen in das Herz des

Cima d'Asta und der gleichnamige See

*Trachten
des Tesino*

Castello Tesino

Lagorei und bis zum Massiv der Cima d'Asta vordringen, jener Spitze, zu deren Füßen der gleichnamige kleine See und die Schutzhütte liegen, die nach dem berühmten Trentiner Schriftsteller und Alpinisten Ottone Brentari benannt ist.

Wir können aber auch den Wanderwegen zum schönen Costabrunella-See folgen, der am Fuße der Cima Rava liegt. Im Winter ist das Valmalene außerdem ein wichtiges Ziel für Langläufer: Ihnen stehen zahlreiche Loipen zur Verfügung, die durch eine bezaubernde Naturlandschaft führen.

Unweit von Pieve liegt hingeschmiegt auf den Osthang des Monte Mezza der reizvolle Ort **Cinte Tesino**, in dem von der Pfarrkirche San Lorenzo charakteristische Gassen wegführen. Das Gebiet des Monte Mezza, ein grünes Hochland, das von dichten Wäldern umgeben ist und auf dem Berghütten und typische Bauernhäuser

verstreut liegen, ist ein wahres Paradies der Ruhe und des Friedens. In der Nähe von Pieve ist in sonniger Lage am westlichen Fuß des Monte Picosta **Castello Tesino** zu erkennen, die größte Ortschaft der gleichnamigen Senke. In der Ortsmitte erhebt sich die Pfarrkirche San Giorgio, die im 15. Jh. in gotischem Stil errichtet und später im 20. Jh. umgebaut wurde. Auf der Spitze eines kleinen Hügels befindet sich die sogenannte Torricella: Sie gehört zur Kirche Madonna delle Grazie, einem sakralen Gebäude aus dem 17. Jh., das aber im Laufe des 20. Jh. restauriert wurde. Besondere Aufmerksamkeit verdient die Kirche San Rocco aus dem 15. Jh., in deren Inneren sich wertvolle Renaissancefresken erhalten konnten. Das repräsentativste Gebäude der Ortschaft ist der Palazzo Gallo, in dem derzeit verschiedene Ausstellungen und Tagungen abgehalten werden. Er ist das Wahrzeichen der reichen Familie, die einst im Gebiet Tesino die

Castello Tesino,
Kirche Sant'Ippolito: Freskenbild

Produktion und den Handel von Feuersteinen für Büchsen einleitete. Castello Tesino ist heute ein berühmter Fremdenverkehrsort, der sowohl für den Sommer- als auch für den Winterurlaub ausgestattet ist.

Ein prachtvolles Panorama der Ortschaft und der gesamten Hochebene des Tesino bietet ein nahe gelegener Hügel, der Colle di Sant'Ippolito mit seiner gleichnamigen kleinen Kirche, einem kleinen Juwel sakraler Kunst, das sich durch wertvolle Fresken aus dem 15. Jh. auszeichnet.

In der Umgebung von Castello Tesino sind interessante Ausflüge zu unternehmen, wie etwa zur nahen Hochebene von Celado. Diese für den Sommerurlaub reizvolle Gegend liegt eingebettet in Wiesen, Wälder und wunderschöne Weiden, die sich im Winter in weiße, für den Skilanglauf geeignete Hänge verwandeln. Wir können aber auch in Richtung Parco della Cascatella wandern - ein Areal, das sich durch zwei bezaubernde, von einem rauschenden Wasserfall gespeiste Seen auszeichnet.

Wenn wir die Panoramastraße einschlagen, die von Castello Tesino zum Valle del Vanoi führt, erreichen wir nach wenigen Kilometern den Brocón-Pass, der ein unvergleichliches Panorama der Pale di San Martino, des Valsugana und der Vette Feltrine erschließt.

In der Nähe des Passes verläuft schließlich der Trodo dei Fiori, ein schöner Wanderweg, auf dem auch seltene Pflanzenarten zu bewundern sind.

Castello Tesino,
Kirche Sant'Ippolito

Gastronomie und heimische Produkte

Die kulinarischen Gewohnheiten des unteren Valsugana und des Tesino-Gebietes weisen einige Besonderheiten auf, die von der Beeinflussung sowohl durch die mitteleuropäische, als auch die mediterrane und venetische Küche zeugen.

Die typische Hausmannskost, bei der großteils Landwirtschaftsprodukte dieser Gegend genutzt werden, zeichnet sich durch einfache, unkompliziert zusammengestellte Speisen aus.

Das Bindeglied zwischen dem österreichisch-ungarischen und dem venetischen Erbe bildet die berühmte Polenta. In den verschiedenen Restaurants der Gegend wird dieses schmackhafte Nahrungsmittel der Saison angepasst serviert: mit dem *Baccalà* (luftgetrockneter Kabeljau) als typisch venetisches Gericht; mit dem *Formàio frìto,* knusprig abgebratenem Käse, der in den nahen Sennereien des Val Calamento oder des Val Campelle erzeugt wird; mit verschiedenen Pilzarten, mit den *Lugàneghe*

(Würsten), mit Wildbret, mit den *Vèrde* ("verze", d.h. Wirsingkohl) und schließlich mit den schmackhaften *Capuzzi* (Kopfkohl) des Tesino, ausgezeichnetem, fein geschnittenem Kohl, der vierzig Tage vor dem Kochen eingelegt wird.

Die Veranstaltung *Gusti della Valsugana* (Aromen des Valsugana), die Ende Oktober in Borgo stattfindet, bietet die Gelegenheit, Spezialitäten des Valsugana und des Tesino kennen zu lernen.

Passo del Brocón

Passo del Brocón, Käse-Lagerung

DIE TÄLER DES PRIMIERO UND DES VANOI

Von Castello Tesino kommend, fahren wir nach dem Brocónpass bergab und erreichen schon bald die Ortschaft Canal San Bovo im Tal des Vanoiflusses.

Wenn wir uns in östlicher Richtung weiter bewegen, dringen wir nach dem Gòbbera-Pass in das Valle Primiero (Primörtal) ein.

Vanoi und Primiero sind ein rein alpines Gebiet von großem landschaftlichem und naturalistischem Reiz, das zu den wertvollsten unberührten Naturlandschaften der Provinz gehört.

Dieses große Areal zeichnet sich durch eindrucksvolle Wände und Felsgipfel aus, unter denen die stolzen Zinnen der Pale di San Martino herausragen, des prachtvollen Naturdenkmals, das bereits in der Vergangenheit Alpinisten und Reisende aller Welt in sei-

nen Bann gezogen hat. Das atemberaubende Bild der Berggruppen weicht dem eines weiten, hügeligen Geländes, das von Tälern durchfurcht und reich an Wald, Weiden und klaren Bergseen ist.

Wir befinden uns nun im Raum der östlichen Dolomiten, in einer höchst wildromantischen, naturbelassenen Gegend des Trentino.

◀ *Valle del Primiero*

*Die Pale di San Martino,
von Malga Bocche aus*

Der Naturschutzpark Paneveggio-Pale di San Martino

Ein Großteil dieses Gebietes an der Grenze zur Region Veneto (Venetien) liegt im geschützten Gebiet des Naturparks Paneveggio-Pale di San Martino. Der 1967 von der Autonomen Provinz Trient gegründete Park erstreckt sich über eine Fläche von ca. 200 km². Er umfasst die oberen Becken der Wildbäche Cismón, Vanoi und Travignolo, die öffentlichen Forste von Paneveggio, San Martino di Castrozza, Valsorda und Valzanca, das Massiv der Pale di San Martino und den östlichen Abschnitt der Lagoraigruppe. In dieser spektakulären Bergwelt, die ihren naturalistischen Reichtum nahezu unversehrt erhalten konnte, sind nicht nur bezaubernde Bergseen und grüne Weiden zu sehen, über die typische Almhütten und Hochgebirgs-Schutzhäuser verstreut liegen, sondern es ist auch möglich, seltene geschützte Blumen vorzufinden oder Tieren verschiedener Art zu begegnen, unter denen die Hirsche, Rehe, Gämsen, Eichhörnchen, Murmeltiere und Steinadler zu nennen sind. Das gesamte Parkgebiet bietet sich außerdem für besondere Exkursionen an, die nicht nur naturkundliche, geologische und volkskundliche, sondern auch historische Aspekte entdecken lassen. Es ist zum Beispiel eine Wanderung auf dem Friedenspfad möglich, der sich entlang der Frontlinie des Ersten Weltkriegs erstreckt.

Im Park liegen fünf Besucherzentren verteilt, die die bedeutendsten Merkmale jedes einzelnen Gebietes erläutern. Besichtigungen in Begleitung erfahrener Führer, Lichtbild- und Videovorträge in verschiedenen Sprachen und Naturkunde-Abende gehören zu den vielfältigen Veranstaltungen der Parkverwaltung, deren Hauptgeschäftsstelle sich im Val Canali in der Residenz Villa Welsperg aus dem 19. Jh. befindet. In diesem Besucherzentrum steht das Element "Wasser" im Mittelpunkt, während in der Niederlassung von Paneveggio die forstwirtschaftlichen Aspekte behandelt werden. In San Martino di Castrozza erhält der Besucher Aufschluss über die geologischen Besonderheiten und den Entstehungsprozess der Dolomiten. Im Zentrum von Caorìa werden die Merkmale der Volkskultur, der Traditionen und Aktivitäten des Lokalbereichs erörtert, während die Informationsstelle von Pra de Màdego den Zugang zum Sentiero etnografico (Volkskundpfad) des Vanoi bildet. Der Park umschließt zahlreiche Areale von besonderem naturkundlichem Wert: Neben dem wilden Val Venegia und den bezaubernden Laghetti di Colbricón sei an die Seen von Lusia und Bocche in der Nähe des Rollepasses, an den märchenhaften Calàitasee im oberen Val di Lózen, an das Val Canali - eines der schönsten unberührten Alpentäler - und an das Val Pradidali erinnert (beide Täler stellen die Südpforte zur Berggruppe Pale di San Martino dar).

Val Canali, Villa Welsperg

Der Wald von Paneveggio

Der Calàita-See

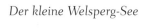

Der kleine Welsperg-See

Die Colbricón-Seen

Caorìa

Wir befinden uns hier in einem wahren Natur-
paradies, das gemeinsam mit dem reichen historisch-kulturellen Gut und dem lokalen
Brauchtum den stärksten Anziehungspunkt
dieser Täler bildet. Die Gebiete Vanoi und Primiero locken die Anhänger des Trekkings, der
Hochgebirgswanderungen, des Felskletterns,
des Wildwasserfahrens (Kanu oder Kayak) und
zahlreicher anderer Sportarten. Im Winter verwandeln sich die von einer weichen Schneedecke überzogenen Weiden in ein Paradies für
Skifahrer aller Disziplinen. Das Valle del Vanoi
zwängt sich zwischen den südwestlichen Abschnitt des Naturparks Paneveggio-Pale di San
Martino und die Lagoraikette. Dieses Tal von
naturalistischem Reiz konnte sich dank der
Jahrhunderte langen Isolierung einen antiken
ländlichen Charakter bewahren und erhielt die
Bezeichnung "grünes Herz des Trentino". Was
seine Landschaft am stärksten auszeichnet, ist
die Veränderlichkeit der Naturbilder, der stän-
dige Wechsel von dichten Wäldern, bezaubernden kleinen Bergseen, klaren Wildbächen und
Weiden, deren grünes Kleid stellenweise von
typisch ländlichen Bauten durchsetzt ist, die
einst saisonbedingt für die Heumahd und für
das Weiden im Hochgebirge verwendet wurden. Das Vermögen an Geschichte und Kunst
und die Naturschätze der Gegend haben zur
Einrichtung des Vanoi-Ökomuseums geführt,
eines prachtvollen Freilichtmuseums, das die
gesamte Umwelt, die Arbeit des Menschen, die
Materialien und das geistige Gut der Lokalgemeinschaft behandelt. **Canal San Bovo**, der
Hauptort des Tales, erhebt sich dort, wo der
Wildbach Lózen in den Vanoi fließt.

Die Gemeinde setzt sich aus ansprechenden Bauerndörfern zusammen, die die typische Bautradition von Canal und Primiero widerspiegeln. Sie zeichnet sich durch alte Häuser mit freskenverzierten Wänden und durch antike *Lisière* aus, d.h. Räume, in denen einst über dem Feuer Asche gekocht wurde, die zum Wäschewaschen diente. Unter den Ortsteilen sticht Caorìa ins Auge, ein kleines Dorf, das in einer typischen Berglandschaft liegt. Zwischen Caorìa und Malga Miesnota erstreckt sich der Sentiero etnografico (Volkskundelehrpfad) des Vanoi, ein malerischer Weg, der an charakteristischen Bauerngehöften vorbeiführt.

Er hält die Erinnerung an die Geschichte und die Entwicklung der Bevölkerungsgruppen wach, die Jahrhunderte lang einem Lebensmodell folgten, das an die Forst- und Weidewirtschaft gebunden war und sich im Laufe der Zeit fast nicht verändert hat. Dieser interessante Pfad lässt uns das reiche Kulturgut, wie auch die damit verbundene Arbeit des Menschen entdecken und in die Atmosphäre von einst eintauchen, als der Alltag einem langsameren Rhythmus folgte als heute.

Zur Erinnerung an die schrecklichen Kriegsereignisse, die sich in der Lagoraikette zutrugen, wurde in Caorìa das Museo Storico della Grande Guerra sul Lagorai (Historisches Museum des Lagorai-Krieges) errichtet, in dem Waffen, Uniformen und historische Erinnerungsstücke verwahrt sind, die den Soldaten gehörten, und das auch eine reiche Fotosammlung zeigt.

Dank der äußerst zahlreichen Forststraßen und Militärpfade, die in diesen Bergen während des Krieges gebaut wurden, ist das obere Vanoital schließlich ein idealer Ausgangspunkt für verschiedene Ausflüge, die tief in den Lagorai hineinführen.

Wenn wir nach Canal San Bovo zurückkehren und auf der Panoramastraße zum Gòbbera-Pass weiterfahren, dringen wir nach dem Tal des

Valle del Vanoi, Heumahd

Berghöfe von Tognola

Torrente Vanoi in das Gebiet von Primiero ein. Dieses Tal, das im östlichsten Teil der Provinz Trient an der Grenze zu Venetien liegt, umfasst den oberen Lauf des Cismón-Wildbachs und wird im Osten von den majestätischen Gipfeln der Pale di San Martino und von den mächtigen Vette Feltrine abgegrenzt. In landschaftlicher Hinsicht erscheint das Valle del Primiero wie eine weite Senke, in der Wiesen, Ackerland, klare Wasserläufe, die aus den kleinen Seitentälern quellen, und dichtes Waldgebiet die kleinen Bergdörfer umgeben, die seit Jahrhunderten sorgsam ein reiches historischkünstlerisches Brauchtum hüten, das alle verführt und bezaubert, die dieses eindrucksvolle Tal besuchen.

Das Brauchtum von Primiero

Bis vor nicht allzu langer Zeit bildeten die Landwirtschaft und die Forst- und Weidewirtschaft die Grundlage des lokalen Einkommens. Einige Jahrhunderte hindurch wurden diese traditionellen Tätigkeiten durch den Bergbau ergänzt. Ab dem 15. Jh. verwandelte sich Primiero dank des intensiven Bergbaus, bei dem die reichen, über das gesamte Gebiet verteilten Silber-, Kupfer- und Eisenlager ausgeschöpft wurden, in ein blühendes Handelszentrum. Mehrere Jahre lang siedelten hier in großer Zahl deutsche Bergleute, die sogenannten *Canòpi* (Knappen), die aus Niederdeutschland und Österreich kamen, womit eine starke Wirtschaftsentwicklung verbunden war. Mit dem Bergbau wurde die Metallverarbeitung eingeführt, die sich zum Holzhandwerk und zur Holzindustrie, zur Leinenweberei, zur Hanf- und Wollverarbeitung, zur Gerberei und zur Erzeugung von Nägeln gesellte. Nach dem Abschluss der Bergbautätigkeit und aller damit verbundenen Industriezweige blieb der Bevölkerung von Primiero, die nur über karges Ackerland verfügte, nichts anderes als die Auswanderung - eine Erscheinung, die im Laufe des 19. Jh. und in den ersten Jahrzehnten des nachfolgenden Jh. beachtliche Ausmaße annahm. Anfänglich handelte es sich um eine saisonbedingte Beschäftigung, als die Bauern des Tales ihre Arbeitskraft im venetischen Tiefland einsetzten. Später verbreitete sich die temporäre, an bestimmte Berufe gebundene Emigration. Hier sei vor allem an die zahlreichen Facharbeiter erinnert, die in die österreichisch-ungarische Monarchie und nach Deutschland zogen, um sich dort am Bau von Eisenbahnen, Straßen und Brücke zu beteiligen. Aus den Orten **Sagrón** und **Mis** stammten hingegen die sogenannten *Caregheti:* Diese Strohflechter, die Sesselfüllungen erzeugten, wanderten in den italienischen Raum und nach Frankreich aus. In den letzten Jahrzehnten des 19. Jh. richtete sich eine Welle endgültiger, massiver Emigration auf Überseegebiete, vor allem Argentinien. Sie setzte sich - wenngleich in geringerem Ausmaß und mit dem Ziel europäischer Länder - in der gesamten ersten Hälfte des 20. Jh., vor allem in der Zeit nach dem Ersten und dem Zweiten Weltkrieg fort.

Stuhlbinder

Alter Webstuhl

Typische Küche von Primiero

Im Sommer erinnern zahlreiche Feste und Volksveranstaltungen an die alten Sitten und Berufe der seit Jahrhunderten in diesen Tälern wohnenden Bevölkerung. Hier sei das religiöse Fest des *Carmine Carmenin* erwähnt, das in Mezzano Mitte Juli stattfindet. Neben der Marienprozession umfassen die Feiern auch Spiele, Stände, kulinarische Verkostungen und Tanzabende. Auf die Wettkämpfe zwischen den Grisoni und den Pranovi, den beiden Parteien, die beim Bocciaspiel in den Straßen des Ortes gegeneinander antreten, folgt eine gastronomische Einlage, bei der Köche Spezialitäten von Primiero zubereiten. Die Darbietungen enden mit dem *Palio dei musati*, einem Wettrennen durch die Straßen der Ortschaft, an dem sich acht Jockeys beteiligen, die jeweils in Vertretung einer Gemeinde des Primierogebietes auf Eseln galoppieren. In Tonadico lockt in der Woche um Mariä Himmelfahrt (15. August) die Veranstaltung *En giro par i filò*, bei dem das einst übliche, allabendliche Treffen in der *Stua* (Stube) im Mittelpunkt steht, das eben *Filò* genannt wurde. Bei diesem Volksfest beleben sich die Ställe, Heuschober, Keller und *Stue* der alten Ortsmitte und verwandeln sich in Werkstätten, in denen die Handwerker die Berufe von einst vorführen: Es versammeln sich die *Caregheti* - Sesselbauer und Strohflechter -, die Schmiede, die Weber, die Holzschnitzer und die *Frescanti* - Maler, die die Häuser des Ortes tünchten. Die Frauen zeigen hingegen ihre Geschicklichkeit bei der für sie einst typischen Arbeit wie Weben, Sticken und Häkeln. In Transacqua kämpfen um Mitte August beim *Palio della sloiza* Mannschaften, die die Gemeinden des Primiero vertreten, in den Straßen des Ortes und ziehen dabei die *Sloize*, charakteristische Schlitten voll Heu. Die Veranstaltung umfasst außerdem verschiedene Darbietungen der traditionellen Berufe mit Hinweisen auf die typische Arbeit der Bergbewohner.

Fiera di Primiero,
Pfarrkirche Assunta

nen, Innenräume - die sogenannten *Stue* (Stuben) -, in denen einst die Frauen im Winter zusammenkamen, um Wolle, Hanf und Leinen zu spinnen, die *Lisière* (Waschstube) und der Platz, den ein schöner Steinbrunnen ziert. Ausgehend von Mezzano können wir durch die wildromantische Schlucht des Val Noana bis zur Schutzhütte und zum kleinen See fahren, die beide am Fuß der Vette Feltrine liegen und nach dem Tal benannt sind. Nach Mezzano erreichen wir den alten Bergwerksort **Transacqua** - ein typischer Bauernort und reizvolles Fremdenverkehrszentrum am linken Ufer des Cismón-Wildbachs. Gegenüber von Transacqua liegt in der Nähe der Stelle, an welcher der Canali in den Cismón fließt, **Fiera di Primiero**, das Geschäfts- und Verwaltungszentrum des Tals. Auch dank der Nähe zum berühmten San Martino di Castrozza ist es ein bedeutender Sommer- und Winterurlaubsort, den im Norden die wuchtigen Pale di San Martino beherrschen. Der älteste Teil des Ortes bietet charakteristische, faszinierende Winkel und Ansichten. Einen Besuch wert sind die kleine Kirche San Martino, eine der ältesten des Tales, der freskengeschmückte Palazzo del Dazio (Zollgebäude) aus dem 15. Jh., auch Palazzo delle Miniere (Bergwerksgebäude) genannt, ein kleines Museum der Lokalkultur, dessen Räume zahlreichen Wanderausstellungen dienen. Es belegt das Handwerk, die Berufe und die Bergbautätigkeit, die Jahrhunderte lang die Wirtschaft des Tales gekennzeichnet haben.
Unter den Sakralbauten sei überdies an die bemerkenswerte gotische Pfarrkirche Assunta erinnert, die in der zweiten Hälfte des 15. Jh. über einem älteren, im 14. Jh. urkundlich erwähnten Gotteshaus errichtet wurde. Sie weist einen hohen romanischen Glockenturm auf, den elegante Wappen schmücken. Kürzliche Restaurierungsarbeiten brachten die Reste einer früh-

Eine der ältesten Ortschaften des Tales, **Imèr**, die sich auf einem Hang des Monte Bedolè erhebt, bildet den südlichen Zugang zum Valle del Primiero. Imèr ist eine charakteristische Bergsiedlung mit einer reizenden Ortsmitte. Die alten Häuser zeichnen sich durch sakrale Fresken aus, einem typischen Ausdruck der volkstümlichen und religiösen Kunst von Primiero. Erwähnenswert ist auch die antike Kirche der Heiligen Pietro und Paolo, die im Inneren interessante Fresken und Gemälde aufweist. Wenn wir am rechten Ufer des Cismón-Wildbachs weiterfahren, erreichen wir bald die kleine Ortschaft **Mezzano**, in der sich der urbanistische und architektonische Stil von Primiero sehr gut erhalten hat. Hier erwarten uns von sakralen Fresken gezierte Häuser, Heuschober mit langen Balko-

christlichen Basilika aus dem 5.-6. Jh. zutage. Die lebhafte, stark frequentierte Contrada Terrabugio lädt schließlich zu einem angenehmen Spaziergang und zu einem Besuch der Handwerksläden ein, die sich in dieser Straße aneinander reihen.

Wenn wir die Straße einschlagen, die von Fiera di Primiero in Richtung Ceredapass führt, erreichen wir bald **Tonadìco**, die älteste Ortschaft des Tales, die am rechten Ufer des Canali-Wildbachs liegt. Die Ortsmitte zeichnet sich durch enge Gassen und Durchgänge, die sogenannten *Canisèle,* durch traditionelle, mit religiösen Fresken geschmückte Berghäuser und durch eine der größten und ältesten *Lisière* der Gegend aus, in der heute der Gemeinderat seinen Sitz hat. Tonadìco wird durch die alte, im 14. Jh. erwähnte und im 16. Jh. umgebaute Kirche San Vittore beherrscht, die historische Innenfresken zieren. Erwähnenswert sind auch die charakteristische Pfarrkirche San Sebastiano aus dem 15. Jh., die im 17. Jh. neugebaut und später erweitert wurde, und die Ruine von Castel Pietra. Diese auf einem Felsvorsprung errichtete Burg, die die Ortschaft und die gesamte Senke des Primiero überragt, diente zur Kontrolle der Straße, die über den Ceredapass noch heute das Agordino-Gebiet mit Fiera di Primiero verbindet.

Wenn wir nach Tonadico zurückkehren und auf der Staatsstraße weiterfahren, die von Primiero zum Val di Fiemme (Fleimstal) führt, erreichen wird nach dem kleinen **Sirór** den malerischen Fremdenverkehrsort San Martino di Castrozza, der im Tal des Cismón-Wildbachs, am Fuße der berühmten Pale, in einer der faszinierendsten Naturlandschaften des gesamten Alpenraumes liegt. Die touristische Prägung von San Martino scheint auf den Beginn des zweiten Jahrtausends zurückzugehen, als hier das erste Hospiz mit der Kirche der Heiligen Martino und Giuliano ge-

gründet wurde, das den Wanderern und Pilgern, die durch die Alpengebiete zu religiösen Stätten zogen, Unterkunft und Schutz bot. Dank der Schönheit seiner stolzen Dolomitengipfel erlebte der Ort, der ein beliebtes Ziel der internationalen Bergelite geworden war, ab Beginn des 19. Jh. eine außerordentlich starke touristische Entwicklung. Die zahlreichen modernen Liftanlagen, die Berg- und Wanderwege ermöglichen es dem Besucher, bis zum Herzen der östlichen Dolomiten vorzudringen.

Unter den spektakulärsten Aufstiegen sei der zur Cima Rosetta erinnert, von deren Spitze sich ein unendlich weites Panorama erschließt, das die Brentadolomiten, das Adamello-Presanellamassiv, den Ortler, den Cevedale, die Vinschgauer Alpen und die Passeier Alpen umfasst. Der Ruhm, den San Martino im Winter genießt, ist

Fiera di Primiero,
Zoll- oder Bergwerksgebäude

San Martino di Castrozza

Baita Segantini und der Cimón della Pala

vor allem an die Skifahrt mit all ihren Disziplinen gebunden. Der Raum San Martino di Castrozza - Passo Rolle bildet den südlichen Abschnitt des Skibezirks "Dolomiti Superski", des großen Skikarussells, das sich aus Pisten aller Schwierigkeitsgrade zusammensetzt und mit zahlreichen, bestens ausgestatteten Liftanlagen versorgt ist. Wenn wir den Ort San Martino di Castrozza hinter uns lassen und weiter auf der panoramareichen, gewundenen Staatsstraße bergauf fahren, erreichen wir den Passo Rolle, einen der spektakulärsten Dolomitenpässe. Im Winter ist er als Skiparadies bekannt, im Sommer verwandelt er sich in einen idealen Ausgangspunkt für unvergessliche Touren auf den stolzen Cimón della Pala, auch "Matterhorn der Dolomiten" genannt, und auf die Cima della Vezzana, die beide auf einer Höhe über 3000 m liegen. Wenn wir uns vom Rollepass mit dem Sessellift oder zu Fuß weiterbewegen, erreichen wir die Baita Segantini, die einen atemberaubenden Ausblick auf die Gruppe der Pale di San Martino bietet. Vom Pass dringen wir schließlich in das bezaubernde Val Venegia ein, in eine unberührte Naturzone des Trentino, durch die sich der Oberlauf des Rio Travignolo zieht und die sich durch charakteristische Berghütten auszeichnet.

Gastronomie und heimische Produkte

Die kulinarische Tradition der Täler Primiero und Vanoi ist eng mit den Produkten der Agrar- und Weidewirtschaft verbunden, die lange Zeit hindurch die Grundlage der lokalen Wirtschaft bildeten. Dennoch machte sich durch die geographische Nähe mit Venetien und Südtirol im Laufe der Jahre der Einfluss dieser Nachbarregionen bemerkbar.

Unter den ersten Gängen sind zahlreiche Sorten von *Gnocchi* (Klöße) zu erwähnen, angefangen von den Kartoffelklößen, die mit frischem Topfen oder Räuchertopfen serviert werden, bis zu den *Strangolapreti alle ortiche* (Mehlklößchen mit Brennesseln). Zu den bekanntesten Fleischgerichten zählen die Spezialitäten von Primiero *Figadéti*, würzige Leberwürste, und *Carne fumada di Sirór*, mit Kräutern gepökeltes und anschließend geräuchertes Rindfleisch.

In den typischen *Casere* (Sennereien), die über die Hochgebirgsweiden verstreut liegen, werden nach alten Verfahren ausgezeichnete Milchprodukte hergestellt. Unter den zahlreichen Käse- und Milcherzeugnissen, die aus reiner, frischer Milch hergestellt werden, seien der *Nostrano del Primiero,* frischer oder geräucherter Topfen, der unfehlbare Trentiner Grana und die *Tosèla* genannt, die wahre Spezialität von Primiero: ein frischer, in Scheiben geschnittener Käse, der, mit zerlassener Butter übergossen oder auf dem Grill geröstet, mit Polenta serviert wird. Nicht zu vergessen ist der charakteristische *Formài frit co le zuele e i ovi,* d.h. geschmolzener Käse mit Zwiebeln und Eiern. Unter den Mehlspeisen ist der *Smorun* (Schmarrn) aus Mehl, Eiern und Milch zu erwähnen, der zerrissen und mit Marmelade serviert wird, wie auch die *Pisa stort*, eine ausgezeichnete Quarkcreme.

Die lokalen Gerichte umfassen oft Pilze, unter denen die *Brise* (Steinpilze), die *Finferli* (Pfifferlinge), die *Spiandoni* (Morcheln), vor allem aber die *Mazze di tamburo* (Schirmpilze) zu erwähnen sind, die paniert und gebraten werden. Stark verbreitet sind auch Kräuter, die in der Küche Anwendung finden, sich aber auch sehr gut für die Herstellung wohlschmeckender Schnäpse eignen, wie der Wiesenkümmel und die Brennessel.

VAL DI FASSA (FASSATAL)

V om Rollepass fahren wir in Richtung des oberen Val di Travignolo und schlagen die Straße ein, die zum Vàllespass führt. So befinden wir uns einige Kilometer lang auf dem Boden der Region Venetien, wonach wir wieder über den San Pellegrinopass in das Landesgebiet von Trient zurückkehren und schließlich das Fassatal erreichen. Wir bewegen uns nun im nordöstlichen Teil des Trentino im oberen Becken des Avisioflusses, der in der Marmoladagruppe entspringt, durch das Valle di Fassa, das Valle di Fiemme und das Valle di Cembra fließt und schließlich knapp nördlich von Trient in die Etsch mündet. Wir schicken uns an, in eines der außergewöhnlichsten Berggebiete, in das Herz der östlichen Dolomiten einzudringen. Es bietet sich ein Szenarium von unvergleichlicher Schönheit, die bei Sonnenuntergang noch atemberaubender wird, wenn bei der magisch anmutenden Naturerscheinung des Enrosadira die spitzen Felsnadeln erglühen und sich in Rosa- und Vio-

Die Marmolada und der Fedaia-See
◀ *Val di Fassa, in Hintergrund der Rosengarten*

lett-Töne hüllen. Das Fassatal ist von den berühmtesten Dolomitenmassiven umgeben: von der Marmolada, dem wertvollsten Juwel der Dolomiten, zur Sellagruppe, vom Langkofel (Sassolungo) zum Rosengarten (Catinaccio) mit seinen beeindruckenden Vàjolettürmen. Das Tal bietet endlos viele Möglichkeiten für Wanderer, Tourengeher und Bergsteiger. Vom Frühjahr bis zum Herbst eignet sich das Gebiet für interessante Spaziergänge am Talboden oder entlang den Laufgräben, die in der Zeit des Ersten Weltkriegs gegraben wurden, aber auch für Kletterpartien, Besteigungen der höchsten Gipfel und begeisternde Grattouren. In den Wintermonaten verwandelt sich das Tal hingegen in ein wahres Skidorado, ein ideales Ziel für die Anhänger aller Disziplinen. Das Fassatal gehört zum Skibezirk "Dolomiti Superski", dem größten Italiens und Europas. Er kann mit einem einzigen Skipass ausgeschöpft werden, der es ermöglicht, auf einem der bedeutendsten Skikarusselle der Welt mit angeschnallten Skiern das Trentino, Südtirol und Venetien zu durchqueren. Eben hier inmitten der östlichen Dolomiten befinden sich die großen Skischaukeln, wie der Giro del Sella Ronda (Sella-Ronda-Rundtour), auch bekannt als Giro dei Quattro Passi (Vier-Pässe-Rundtour), der Giro delle Tre Valli (Drei-Täler-Rundtour) und der Giro della grande guerra (Rundtour des Ersten Weltkriegs).

Die bezaubernden Dolomitengipfel umrahmen die kleinen Ortschaften und die weiten Wiesen, auf denen alte Bauernhäuser verstreut liegen, die sogenannten *Tabià* oder *Tobià,* typische Heuschober aus Holz und Stein, die ein direkter Ausdruck der rustikalen Bauweise des Fassatales sind. Die Lokalbevölkerung setzt sich seit eh und je für den Umweltschutz und vor allem für die Erhaltung des ladinischen Kulturguts ein, das reich an Traditionen, Gebräuchen und Sagen ist, die seit Generationen weitergegeben werden.

Die ladinische Kultur

Die zahlreichen vorgeschichtlichen Spuren, die im Tal zutage traten, lassen mit Sicherheit darauf schließen, dass eine dauerhafte Besiedlung durch den Menschen bereits in der Zeit vor dem Mittelalter erfolgt war.
Das Fassatal, in dem in der Antike die Räter wohnten - ein Bergvolk, das sich zu Hirten- und Bauerngemeinschaften zusammengeschlossen hatte - und das später im ersten Jahrhundert v. Chr. die Römer be-

Trachten von Moena

siedelten, erreichte vermutlich in der Langobardenzeit eine endgültige institutionelle Ordnung, in Form von Gemeinschaften "freier Männer".
Mit dem Christentum und der nachfolgenden Eingliederung dieses Gebietes in den Raum des Hochstifts von Brixen/Bressanone teilte die Gemeinschaft von Fassa das Geschick der anderen ladinischen Dolomitentäler und begann den Jahrhunderte langen Kampf zur Verteidigung der Autonomie - einen Kampf, der sich durch die gesamte moderne Epoche zog, d.h. genau bis zu den Jahren des Napoleonfeldzugs, infolge dessen das Val di Fassa der Diözese Trient und dem Bezirk Cavalese angeschlossen wurde.
Mit den politischen und institutionellen Eroberungen, die seit dem Zweiten Weltkrieg aufeinander folgten, gingen zahlreiche Initiativen einher, die auf den Schutz und die Aufwertung der lokalen Kultur und Sprache abzielten. Das Fassaladinische ist eine romanische Sprache aus der Gruppe der ladinischen Sprachen der Dolomitenzone. Da es sich um die südlichste unter ihnen handelt, ist sie stark dem Einfluss der Trentiner und venetischen Dialekte ausgesetzt. In ein und demselben Tal liegen drei Arten von Fassaladinisch vor, die sich untereinander grundlegend durch eine Reihe phonetischer Merkmale unterscheiden: das *Cazèt,* die konservativste Art, die im oberen Tal gespro-

Penìa, der "Bufòn"

stätten und in den Bierlokalen des Bozner Raumes Dienst zu leisten. Im Sommer finden zahlreiche Feste statt, die an den Ursprung und die alten Volksbräuche der Ladiner erinnern.

Unter den wichtigsten seien die *Gran festa d'istà* genannnt, eine Veranstaltung, die in der letzten Augustwoche gehalten wird und an der sich die Vertreter aller ladinischen Volksgruppen des Alpenraumes beteiligen, wobei Umzüge von Trachtengruppen und Musikkapellen aus Trentino-Südtirol, Venetien, Friaul und Tirol stattfinden. Ein weiteres, bereits zur Tradition gewordenes Treffen ist *Te anter i tobiè*, ein Volksfest, das in den antiken *Tabià* des historischen Ortszentrums von Canazei gefeiert wird und das Brauchtum, Musik und Tänze der ladinischen bäuerlichen Welt im Rahmen gastronomischer Veranstaltungen wieder aufleben lässt. Im Februar hingegen findet alljährlich in Penìa und in Campitello der berühmte *Carnevale ladino*, der ladinische Fasching statt, zu dem der große Umzug einer Gruppe von *Lachè*, *Marascóns* und *Bufòn* gehört: Diese Gestalten tragen Originalmasken aus Holz - *Facères* genannt -, die von den geschickten lokalen Handwerkern geschnitzt werden.

chen wird, das *Brach* im mittleren Abschnitt und das *Moenàt* im unteren, d.h. genau im Gebiet von Moena. Auch das Fassatal hat, wie die anderen Trentiner Randtäler, in der Vergangenheit Wellen der Auswanderung erlebt, die in diesem Gebiet besondere Züge annahm. Bereits ab dem 16. Jh. besuchten die Bewohner des Fassatales, um ihre kargen Einkünfte aus der bloßen Landwirtschaft und Weidetätigkeit aufzubessern, die Märkte, die regelmäßig in der Stadt Bozen stattfanden, um ihre Dienste für Verladearbeiten, als Träger, Botengänger, vor allem aber als Übersetzer anzubieten. Im 19. Jh. zogen sie dann in die Täler Tirols, Kärntens, Oberösterreichs und Salzburgs, um sich als "Färbekünstler" zu betätigen, die bei ihrem Wirken Ölfarben verwendeten (sie bemalten Stubenmöbel, Balkone und Holzgeräte), oder um als Steinmetze und Maurer zu arbeiten.

Es handelte sich vorwiegend um eine Auswanderung, die eine Saison währte. Von Mitte des 19. Jh. bis zum ersten Jahrzehnt des 20. Jh. waren auch die Frauen des Fassatales von dieser Erscheinung betroffen: Zu bestimmten Zeiten verließen sie ihre Wohnorte, um als Dienstmädchen oder Kellnerinnen in den Gast-

Alte ladinische Trachten

Mountainbike-Ausflug bei Moena

Sobald wir die Senke des San Pellegrinopasses und das grünblaue Wasser des gleichnamigen Sees hinter uns gelassen haben, fahren wir talwärts bis zum berühmten Fremdenverkehrsort **Moena**.

Die Ortschaft liegt in einem weiten Kessel an der Grenze zwischen dem Fassatal und dem Fleimstal/Val di Fiemme und ist von den prachtvollen Dolomitengipfeln Rosengarten/Catinaccio, Langkofel/Sassolungo, Monzoni und Làtemar umgeben. Für die aus dem Fleimstal Kommenden bildet Moena die Eingangspforte zu den Dolomiten, und eben wegen der besonderen Schönheit wurde sie die "Fee der Dolomiten" genannt.

In der milderen Jahreszeit bietet sich die Umgebung für zahlreiche Wanderungen oder Mountainbike-Touren an, während in den Wintermonaten das nahe Skigebiet Alpe Lusia und die Verbindungen mit dem Skikarussell der Tre Valli und des San Pellegrinopasses den Anhängern des Skisports endlos viele Möglichkeiten bieten. Moena ist außerdem Ausgangspunkt der berühmten *Marcialonga*, des wichtigsten Langlauf-

Moena

Die Marcialonga

bewerbs internationaler Tragweite. Unter dem historisch-kulturellen und künstlerischen Gesichtspunkt weist dieses Städtchen des Fassatales interessante Zeugnisse der Lokalarchitektur auf: Ortsteile mit großen Scheunen, Wohnhäuser aus Stein und hübsche Gebäude mit freskenverzierten Wänden bieten verschiedene Ansichten unverfälscht bäuerlichen Stils.

Im alten Bezirk *Ciarnadòi,* in den Räumen der *Ciasa de la Premessarìa* ist eine Außensektion des Museo Ladino di Fassa (Ladinisches Museum des Fassatales), die sogenannte *Botega da pinter* eingerichtet, eine Werkstatt, die eine interessante Dokumentation der ladinischen Kultur und der Fassbinderkunst enthält, neben der auch die charakteristischen Geräte ausgestellt sind, die der *Pinter* des Fassatales erzeugte, wie Behälter für Getreide, Bottiche, Wannen, Eimer und anderes Haushaltsgerät.

Die Ortschaft wird von der Pfarrkirche San Vigilio beherrscht, die sich auf einem Hügel erhebt. Die in der Nähe liegende mittelalterliche kleine Kirche San Volfango, die sich durch ein mit Holzschindeln gedecktes Satteldach auszeichnet, hütet wertvolle Fresken aus dem 15. Jh. und interessante Skulpturen. Nach der Ortschaft Moena fahren wir auf der Straße weiter, die dem Lauf des Avisio folgt, und erreichen nach **Soraga**, einer der ältesten Siedlungen des Tals, **Vigo di Fassa**.

Der am Fuße des Rosengartens auf einer weiten Terrasse in wunderschöner, sonniger Panoramalage entstandene kleine Ort bildet mit seinen umliegenden Dörfern einen wahren Hort der lokalen Traditionen, Kultur und Kunst.

Die Ortschaft zieren reizende, mit Fresken verzierte Häuser, Votivkapellen, Holzkruzifixe und zahlreiche andere bedeutende Zeugnisse sakraler Kunst, die die Spiritualität der ladinischen Volkskultur äußern. Dabei sind unter anderem die interessanten Fresken aus dem 15. Jh. der monumentalen Kirche Santa Giuliana zu erwähnen, wie auch die in der nahen Siedlung San Giovanni gelegene gotische Kirche San Giovan-

Charakteristisches Holzkreuz

Moena, Kirche San Volfango: Freskenbild

ni di Fassa mit romanischem Glockenturm und einem wertvollen Freskenzyklus aus dem 16. Jh. In dieser Ortschaft ist im alten *Tobià de la Pieif* das Istituto Culturale Ladino (Ladinisches Kulturinstitut) untergebracht, das sich mit der Erforschung und dem Schutz der ladinischen Kultur befasst.

Wenig entfernt davon befindet sich das Museo Ladino di Fassa (Ladinisches Museum des Fassatales), ein bedeutendes volkskundliches Zeugnis der Traditionen und der Kultur dieser alten Gemeinschaft. Vigo di Fassa ist ein wichtiger Knotenpunkt: Von hier führt eine Straße zum Karerpass/Passo di Costalunga, der die Wasserscheide zwischen dem Avisio- und dem Eisack-Becken bildet. Außerdem ist es ein idealer Ausgangspunkt für Ausflüge und Besteigungen des Kessel-Kogels/Catinaccio d'Antermoia und des Rosengartens/Catinaccio.

Eine Seilbahn ermöglicht schließlich eine rasche Auffahrt zu der Schutzhütte "Rifugio Ciampedìe", einer faszinierenden Panoramastelle, die Ausblick auf den Rosengarten, die Marmoladagruppe und die Pale di San Martino bietet. Wenige Kilometer von Vigo di Fassa entfernt liegt **Pozza di Fassa** in der Nähe der Stelle, an wel-

Die Senke von Gardeccia

Die Vàjolettürme

cher der Rio San Nicolò in den Avisio mündet, in einer sonnigen Senke, die vom Buffaure und von den Vallaccia-Spitzen überragt wird. Pozza ist ein bezaubernder Fremdenverkehrsort, ein idealer Ausgangspunkt für erholsame Wanderungen zum Val di San Nicolò - einem grünen Flecken Erde, über dessen Wiesen kleine Berghäuser und Schutzhütten verstreut liegen - und für Bergtouren in der Monzonigruppe und auf die Marmolada. In der Wintersaison ist die Umgebung von Pozza als Skigebiet bekannt, in dessen weiten Buffaure-Areal alle Disziplinen betrieben werden und Skiabfahrten auch bei Nacht möglich sind. In Pera, einer kleinen Siedlung von Pozza, liegt eine weitere Außenstelle des Ladinischen Museums des Fassatales, der *Molìn de Pèzol,* ein interessantes Zeugnis der antiken Mühlentätigkeit. Hier sind noch zwei Mühlsteine für Getreide und eine Aushülsungsmaschine für Gerste zu sehen, die alle von drei Wasserrädern mit Schaufeln betrieben wurden. Pozza di Fassa ist außerdem Sitz des Istituto Statale d'Arte (Staatliches Kunstinstitut), einer berühmten Schule, in der zahlreiche Holzhandwerker und bekannte lokale Dekorateure ausgebildet wurden.

Wenn wir auf der Staatsstraße weiter fahren, erreichen wir bald **Mazzìn**, das den Zugang zum oberen Fassatal bildet. Diese kleinste der Talgemeinden verdankt ihren Ruf den zahlreichen *pitores* (*pittori,* Maler), die einst zu bestimmten Jahreszeiten fortzogen, um anderswo ihrem Kunsthandwerk als Häuserdekorateure nachzugehen.

Die wertvollen Fresken und Temperaverzierungen der antiken Casa Battel, eines der wenigen im Tal noch vorhandenen rustikalen Herrschaftsgebäude, zeugen von der Geschicklichkeit dieser Handwerker.

Nach Mazzìn folgen wir dem Rio Udai in das gleichnamige Tal, bis zu den Wasserfällen von Soscorza. Wenn wir daraufhin durch das Val di Dona weiterfahren, gelangen wir nach dem Pass, der ebenso heißt, zum bezaubernden Laghetto

d'Antermoia, in dessen Nähe eine charakteristische Schutzhütte steht.

Nach den zwei kleinen Siedlungen Campestrìn und Fontanazzo erreichen wir **Campitello di Fassa**, einen berühmten Bergort in der Nähe der Stelle, an welcher der Rio Durón in den Avisio mündet. Er wird vom Sas Pordoi im Nordosten und von den eindrucksvollen Gipfeln des Langkofels/Sassolungo und des Col Rodella im Nordwesten überragt.

Die letztgenannte Spitze, die vom Wohnort mit einer bequemen Seilbahn erreichbar ist, bietet eine der spektakulärsten Aussichten des gesamten Dolomitenraumes. Vom "schönsten Panoramabalkon des Fassatales" können wir den Langkofel im Norden, die Sellagruppe im Osten, die Marmolada im Südosten und den Rosengarten im Westen bewundern; bei diesem unglaublichen Ausblick auf fast alle Orte des Tales sind zusätzlich sogar die Zinnen der Ahrntaler Alpen, des Antelao, des Monte Civetta, der Pale di San Martino und der Vinschgauer Alpen zu erkennen.

Die Ortschaft wird durch die gotische Pfarrkirche der Heiligen Filippo und Giacomo beherrscht: Sie weist einen charakteristischen Glockenturm, der mit seinen Zinnen einem Burgturm gleicht, ein steiles, mit Holzschindeln gedecktes Dach und wertvolle Fresken aus dem 15. Jh. auf.

Nach Campitello erreichen wir bei einer Talverbreiterung am Fuße des Marmoladamassivs, der Sellagruppe und der Wände des majestätischen Gran Vernèl **Canazei**, den Hauptort des Fassatales. Trotz der starken touristischen Entwicklung ist es diesem kleinen Ort gelungen, eine starke Bindung zu seinen ladinischen Wurzeln und Traditionen zu wahren. Sowohl die Wohnhäuser, als auch die Kirchen zeigen Malereien lokaler Künstler und weisen noch die typischen Züge der traditionellen Fassabauten auf.

Unter den wichtigsten Gebäuden sakraler Kunst sind die gotische Kirche San Floriano und die freskenverzierte Kirche Madonna della Neve zu

Der Sassolungo

Die Sellagruppe

Canazei

erwähnen. Canazei bildet mit seinen zwei Siedlungen Alba und Penìa das bekannteste Fremdenverkehrszentrum des Tales. Es ist vor allem im Winter stark besucht, wenn die weiten Skigebiete locken, die drei Zentren aufweisen: Canazei - Belvedere - Pordoi, Campitello - Col Rodella - Sella und Alba - Ciampac - Marmolada. In den wärmeren Monaten ist es hingegen beliebtes Ziel von Ausflüglern und Bergsteigern, die von den natürlichen Kletterschulen und den zahllosen Möglichkeiten für Bergtouren in der Umgebung angezogen werden.

Dank der besonderen geographischen Lage bildet Canazei den Zugang zu den bekanntesten Dolomitenpässen: zum Sellapass, der das Fassatal mit Gröden (Val Gardena) verbindet und von der phantastischen Sellagruppe und der Mesules-Kette beherrscht wird, und zum Fedaiapass mit dem gleichnamigen See, der das Fassatal mit dem Agordinogebiet verbindet.

In der Nähe des letztgenannten Passes liegt die Talstation des Berglifts, der zur Marmoladagruppe, jenem Gletscher führt, der wegen des Sommerskilaufs bekannt ist, doch unter dem Namen "Eisstadt" auch traurige Berühmtheit erlangt hat: Hier stoßen wir noch auf zahlreiche Fundstücke aus der Zeit des Ersten Weltkriegs und auf Stollenlabyrinthe, die die österreichischen und italienischen Soldaten einst aushoben. In der Nähe des Staubeckens der Fedaia liegt das kleine Museo della Grande Guerra (Museum des Ersten Weltkriegs), das eine interessante Privatsammlung enthält, die sich aus Kriegsstücken aller Art zusammensetzt. Vom Pordoipass, der die Provinz Trient mit der Provinz Belluno verbindet, gelangen wir mit Hilfe einer Seilbahn zum spektakulären Sas Pordoi. Wenn wir Canazei hinter uns lassen

und an der Siedlung Alba vorbeifahren, erreichen wir Penìa, den letzten Ort des Fassatales. Dieser typische Bergort weist bezaubernde Winkel auf, die die Atmosphäre der Vergangenheit wachrufen. Die Bauernhäuser aus Holz wechseln mit kleinen gemauerten Gebäuden ab, die den traditionellen Stil des Fassatales widerspiegeln.

Über allem dominiert die gotische Kirche San Sebastiano aus dem 16. Jh. In Penìa befindet sich eine weitere Außenstelle des Ladinischen Museums des Fassatales, *la Sia,* ein venezianisches Wassersägewerk aus dem 19. Jh., das einzige im ganzen Tal.

Es steht Besuchern offen und wird von den Ortsansässigen sogar noch verwendet.

Penìa, "La Sia"

Penìa, die kleine Kirche Vera-Lorenz

Gastronomie und heimische Produkte

Die kulinarischen Traditionen des Fassatales zeigen sowohl den Einfluss der Trentiner Küche, als auch der mitteleuropäischen Gerichte und der ladinischen Hausmannskost der Dolomitengegend. Unter den bekanntesten heimischen Speisen sind die *Cajoncìe da migol vert* zu nennen, Teigtaschen aus Roggen- und Weizenmehl, die mit wildem Spinat und Topfen gefüllt und mit zerlassener Butter, Trentiner Granakäse und Mohn angerichtet werden, außerdem die *Cajoncìe da Clotzegn,* Teigtaschen aus Roggen - und Weizenmehl, gefüllt mit getrockneten wilden Birnen und gekochten Kartoffeln, die *Ciaroncié da Moena,* Teigtaschen aus Kartoffeln und Mehl, mit wildem Spinat gefüllt und mit zerlassener Butter und Trentiner Granakäse serviert, die *Bales de ardel,* Klöße aus altbackenem Brot, Rindsleber und Fett, Eiern, Weizenmehl, Milch, Knoblauch und Kräutern, die *Popacèi,* eine Suppe mit Klößchen, die aus Weizen- und Roggenmehl zubereitet und in der Milch gekocht werden, die *Jufa,* ein mit zerlassener Butter übergossener Brei aus Salzwasser, Milch, Butter, Weizen- und Maismehl. Ein ausgezeichneter zweiter Gang ist die *Pria de manz,* eine Speise aus Rindfleisch, das gewürfelt, mit Zwiebeln in Butter und Öl geröstet und mit Rotwein übergossen wird.

In der Dolomitenküche sind die Wildbretgerichte stark vertreten. Es sei hier das erlesene *Capriol en salmoa* erwähnt, gebratenes Rehfleisch, das zuvor mit Gewürzen und Gemüse gebeizt wird, und der *Cervo al ginepro* (Wacholder-Hirsch).

Unter den Mehlspeisen verdienen die *Grafons* besondere Erwähnung, deren Grundlage ein Teig aus Weizenmehl, Wasser, Milch, heller Grappa, Eiern, Öl, gekochten Kartoffeln und Hefe bildet, der mit Marmelade gefüllt, im Öl herausgebacken und zuletzt mit Staubzucker bestreut wird, und die *Ciaronciè,* Teigtaschen, die im Öl kurz frittiert, mit Marmelade gefüllt und überzuckert werden.

Unter den heimischen Käsesorten dominieren der *Puzzone di Moena,* der einen milden Geschmack hat, doch sehr intensiv riecht, und der *Nostrano della Val di Fassa.*

Ausgezeichnete Anlässe, um die Düfte und Aromen der alten Hausmannskost der Dolomiten zu entdecken, sind die kulinarischen Veranstaltungen *A cena con Re Laurino* (Abendmahl mit König Laurin) - ein Ereignis, das sich an eine der schönsten Sagen der Dolomiten anlehnt - und *Sapori d'autunno* (Herbstgeschmack).

VAL DI FIEMME (FLEIMSTAL)

Wenn wir dem Oberlauf des Avisio-Wildbachs in Richtung von Moena, dem letzten Ort des Fassatales folgen, dringen wir in das weite, sonnige Gebiet des Fleimstales ein, das zu den faszinierendsten des Trentino gehört.

Der im nordöstlichen Teil der Provinz gelegene Landstrich deckt sich mit dem Gebiet, das von der Stelle, an welcher die Wildbäche Costalunga und San Pellegrino in den Avisio-Oberlauf münden, bis dorthin reicht, wo der Cadino in den Unterlauf einfließt. Das Tal ist von der Lagoraikette, der Dolomitengruppe Pale di San Martino, dem Làtemar und dem Corno Nero umgeben. Das Schauspiel, das die eindrucksvollen Spitzen bieten, die sich gegen den blauen Himmel abzeichnen, wird durch die grüne Farbe der ausgedehnten Weiden noch betont, über die Almhütten und Bauernhäuser verstreut liegen - beides beredter Ausdruck der typisch rustikalen Bauweise des Fleimstales, seiner bäuerlichen Welt und des reichen Bodens, der noch unversehrt erhalten ist und von dichtem Wald dominiert wird.

◀ *Val di Fiemme, Cavalese*

Oberes Fleimstal

Der wertvolle Waldbestand des Fleimstales

Unter den landschaftlichen Besonderheiten des Tales sind die üppigen Wälder zu nennen, die einen Großteil des Fleimstales bedecken.

Heute gehört der umfassende Waldbestand der Magnifica Comunità di Fiemme (Generalgemeinde des Fleimstales), einer Einrichtung aus dem 12. Jh., die einst der Bevölkerung weitgehende Verwaltungsautonomie sicherte. Seit der Antike bildeten die Forste des Fleimstales, neben der traditionellen Land- und Weidewirtschaft, die wichtigste Einkommensquelle des Tales. Noch heute befasst sich die Mangifica Comunità, auch wenn sie nicht mehr die juristischen und politischen Privilegien nutzt, die sie einst genoss, mit der Verwaltung eines Großteiles dieses Gutes und bemüht sich um Qualität und unversehrte Erhaltung der Wälder. Ein Großteil dieser Forste gehört zum Gebiet des Naturparks Paneveggio-Pale di San Martino und setzt sich vorwiegend aus Tannen und Fichten, wie auch aus Lärchen zusammen, die sich im Herbst feuerrot färben und somit einen Kontrast zum Grün der Zirbelkiefern und der Waldkiefern bilden. Der berühmte öffentliche Forst von Paneveggio verdankt seinen Ruf der gesuchten Resonanzfichte, eines Baumes, dessen Holz seit sehr vielen Jahren für den Bau der Klangkörper von wertvollen Musikinstrumenten verwendet wird.

Da im 18. Jh. auch der berühmte Geigenbauer Antonio Stradivari dieses Holz für die Erzeugung seiner Instrumente nutzte, entstand die Bezeichnung "Geigenwald". Die Resonanzfichte gilt dank der einzigartigen Qualität des Bodens, auf dem sie gedeiht, und der äußerst günstigen Umweltbedingungen universell als die wertvollste dieser Art in Europa und die beste in ganz Italien. Sie machte die Bevölkerung von Fiemme in aller Welt bekannt.

Der Forst von Paneveggio ist außerdem wegen seiner Naturschönheiten und wegen seiner seltenen Tierarten berühmt. Im Wildgehege des Besucherzentrums von Paneveggio leben prachtvolle, zur Reproduktion bestimmte Hirsche, und in einem alten restrukturierten Sägewerk ist ein kleines Museum der Lokalfauna zu besichtigen.

In der Nähe des Besucherzentrums können wir den Sentiero Marciò, einen interessanten Pfad einschlagen, der in den Wald eindringt und - über eine aufsehenerregende Hängebrücke - durch die Schlucht des Wildbachs Travignolo führt. Wir können aber auch die zahllosen Wanderwege begehen, die zu Almen und verschiedenen Schutzhütten gelangen, an denen der Wald reich ist.

Der Lago di Lagorai

Dank der unversehrten Umwelt und der naturalistischen und landschaftlichen Schönheit entwickelte sich das Fleimstal im Laufe der Jahre zu einem enormen Anziehungspunkt für den Tourismus und ist heute eines der beliebtesten und gastlichsten Ziele des Trentino.

Es bieten sich verschiedene Unterhaltungsmöglichkeiten an, die mit Sport im Freien verbunden sind: Radfahren auf den Wegen des Talbodens, Ausritte, Kletter- und Hochgebirgstouren oder Trekking auf gesicherten Wegen, die an den Europäischen Weitwanderweg E5 und an den Friedenspfad anschließen, der die Lagoraikette quert und dabei über die Befestigungsanlagen aus dem Ersten Weltkrieg führt; weitere Wege erstrecken sich über die Berge bis zu den klaren Seen und Schutzhütten des Hochgebirges. In den Wintermonaten bieten sich weite Schneefelder zum Skifahren oder zum geruhsamen Schneeschuhwandern an.

Im Fleimstal liegen zahlreiche Zentren vor, die auf den Wintersport eingestellt sind: Genannt seien hier die Langlaufloipen in den berühmten Orten des Lavazèpasses und um den Téserosee, die Rundloipen von Bellamonte und die Loipe der *Marcialonga*, des berühmten Rennens, das alljährlich über fünftausend Teilnehmer anzieht. Sprungschanzen stehen in Predazzo bereit, und Alpinskifahrer können die großen Skikarusselle Cavalese-Cermis, Ski Center Làtemar (Pampeago-Predazzo-Obereggen), Bellamonte-Castelìr, Lavazè-Occlini und Ziano di Fiemme nutzen.

In vollkommenem Einklang mit dieser bezaubernden Berglandschaft stehen die typischen Dörfer des Fleimstales, die sich auf Terrassen und am Talgrund ausbreiten und große Kunstschätze bergen.

Diese zeugen von einer an Geschichte und Kultur reichen Vergangenheit, die vorwiegend im Bereich der darstellenden Kunst tiefe Spuren hinterlassen hat, wie die wertvollen Werke aus der berühmten lokalen Malschule zeigen.

Die Lokalbevölkerung ist stolz auf ihre Wurzeln und ihr Brauchtum, das von der engen, schon seit Jahrhunderten währenden Bindung zu diesem Gebiet zeugt, die auch aus der mittelalterlichen Institution der Magnifica Comunità spricht. Wenn wir Moena hinter uns lassen und der Staatsstraße folgen, die den Avisio säumt, öffnet sich plötzlich das Tal, worauf wir nach wenigen Kilometern die Senke erreichen, in der sich **Predazzo**, der an Einwohnern reichste Ort des Tales befindet.

Dieses lebhafte Handwerks-, Landwirtschafts-

und Handelszentrum, das vom Monte Feudo, vom Mulàt und vom Monte Agnello beherrscht wird, liegt nahe der Stelle, an welcher der Wildbach Travignolo in den Avisio mündet. Die Häuser sammeln sich um die Piazza Maggiore, den Hauptplatz, auf dem die eindrucksvolle neugotische Kirche Filippo und Giacomo steht, ein Sakralgebäude, das ganz aus lokalem Stein

errichtet wurde und sich durch einen beeindruckenden, hohen Glockenturm auszeichnet. Im dichten Netz von Straßen und Gassen, die in den historischen Teil der Ortschaft und in die einzelnen Bezirke des Ortes eindringen, ist noch heute die Atmosphäre eines alten Bauerndorfes zu verspüren.

Es bieten sich malerische Ansichten, die die Erinnerung an das ländliche Leben von einst wachrufen. Die Bauernhäuser und Scheunen haben sich die rustikalen, typischen Züge der einstigen Berghöfe bewahrt: Man denke an das Pultdach, an die Holzbalkone, die Innenhöfe, die charakteristischen zweibogigen Fenster, die Portale und die Hausmauern mit sakralen Darstellungen aus dem 15. und 16. Jh. Von großem künstlerischen Interesse ist die gotische Kirche San Nicoló mit ihrem Schindeldach. Wer diese faszinierende ländliche Atmosphäre erleben und die Schönheiten dieses bezaubernden Fleimstaler Ortes entdecken will, der sollte sich die Folkloreveranstaltung *Dódes masi de Pardàc* nicht entgehen lassen, die an den Ursprung des Ortes erinnert: Der Sage nach hat er sich aus zwölf Berghöfen entwickelt.

Das Fest, das alljährlich im August stattfindet, umfasst einen Nachtspaziergang durch die Gassen des Ortes, vorbei an rustikalen Holzscheunen und Höfen historischer Gebäude. Auf der Strecke, die auch verschiedene Einkehrstationen aufweist, werden die alten Berufe, die Sitten und Gebräuche von einst vorgestellt. Das Gebiet von Predazzo ist in geologischer Hinsicht sehr interessant und so reich an Fossilien und Mineralien, dass es den Beinamen "geologischer Alpengarten" erhalten hat. Im Ort befindet sich außerdem das Museo Civico di Geologia ed Etnografia (Geologie- und Volkskundemuseum), dessen Mineralien- und Fossilien-

Predazzo, Kirche der Heiligen Filippo und Giacomo

Predazzo,
Stadtmuseum für Geologie und Volkskunde

*Tesero, charakteristisches Haus
mit Backofen*

sammlungen bedeutende paläontologische, geologische und naturkundliche Exponate umschließt, die auf den umliegenden Bergen zutage traten.

Durch die Umgebung von Predazzo führen denn auch einige der faszinierendsten geologischen Routen, darunter der Sentiero della Malgòla (Malgòlaweg), der über das Eruptivgestein des Vulkans von Predazzo verläuft, und der Weg, der zu den reichen Kupfer- und Wolframvorkommen der Bergwerke der Bedovina führt. Predazzo ist ein bedeutender Verkehrsknotenpunkt zwischen dem Fleimstal, dem Fassatal und dem Primierotal.

Wenn wir der Staatsstraße folgen, die nach San Martino di Castrozza führt, entdecken wir das Val di Travignolo - ein bezauberndes Tal inmitten grüner Wiesen, umgeben von dichten Wäldern. Nach dem Plateau von Bellamonte, das vor dem prachtvollen Hintergrund der Pale di San Martino liegt und sich durch weite Wiesen auszeichnet, über welche charakteristische *Tabià* aus Stein und Holz verstreut liegen, fahren wir das Nordufer des Forte Buso-Sees entlang bis in das Herz des Paneveggiowaldes und zum Rollepass.

Nach Predazzo zurückgekehrt, stoßen wir, wenn wir weiter das Avisiotal abwärts fahren, auf **Ziano di Fiemme**, einen wegen der Verarbeitung des geschätzten Fleimstaler Holzes bekannten Ort, **Panchià** und **Tésero**, eine malerische Ortschaft, die den westlichen Teil des Fleimstales beherrscht. Tésero liegt auf einer Terrasse am Fuße des Val di Stava, wo der Rio Stava in den Avisio mündet.

Die urbanistische Gliederung der historischen Ortsmitte erinnert an eine mittelalterliche Siedlung. Es lohnt sich, durch die mit Steinen gepflasterten, schmalen Straßen und Gassen zu streifen und in die charakteristischen Bezirke

einzudringen, um die schönen Freskenfassaden, die alten Höfe, die Bauernhäuser mit ihren *Tieze* - den alten Scheunen, die zum Teil noch ihr ursprüngliches Aussehen bewahrt haben -, die Backöfen im Freien und die Steinbrunnen zu entdecken. Sehenswert sind auch die spätgotische Kapelle San Rocco, die wegen ihrer wertvollen allegorischen Fresken aus dem 16. Jh. berühmt ist, das Gemeindepalais aus dem 18. Jh., die im 12. Jh. gegründete und im 14. und 15. Jh. in gotischem Stil umgebaute Pfarrkirche Sant'Eliseo mit ihrem schlanken romanisch-gotischen Glockenturm und den wertvollen Fresken, die Dreifaltigkeitskirche (Chiesa della Trinità) aus dem 17. Jh. und die kleine gotische Kirche San Leonardo, deren Südfassade ein großes Bild des Heiligen Christophorus zeigt.

Eine Veranstaltung von besonderem folkloristischem Reiz ist *Le Corte de Tiézer*, die in den

Das Holzhandwerk

Der umfassende Waldbestand und die große Menge an verfügbarem Holz förderten im Laufe der Jahrhunderte die Entwicklung verschiedener Handwerksberufe, insbesondere jener, die mit der Holzverarbeitung zusammenhängen, einer der ertragreichsten Beschäftigungszweige des Fleimstales, der sich in erster Linie in Predazzo, Tésero, Castello und Molina di Fiemme behauptete. Diese Orte können auf eine beachtliche Produktion von Holzgegenständen, Spielzeug, Möbeln und Skulpturen von hohem künstlerischen Wert verweisen. Tésero ist besonders wegen seiner Holzkrippen berühmt, die von den lokalen Handwerkern mit großem Können hergestellt werden. Alljährlich bietet in der Weihnachtszeit der Hauptplatz des Ortes ein bezauberndes Schauspiel: Hier wird die charakteristische Krippe aufgestellt, die mit lebensgroßen Holzstatuen an das Wunder der Geburt Christi erinnert. Vom Hauptplatz führt ein Weg vorbei an den Krippen, die in zahlreichen Höfen des Ortes zu bewundern sind, wo Konzerte von Volksliedern geboten werden und lokale Musikkapellen und Chöre auftreten, die eine magische Weihnachtsatmosphäre schaffen.

Der Pfad ist besonders malerisch, wenn er nachts beleuchtet wird. Tésero ist aber auch wegen der Produktion von Holzmusikinstrumenten berühmt, unter denen die edle Orgel und das Klavier zu erwähnen sind.

Hersteller von Saiteninstrumenten

Tesero, Krippe

Cavalese, Gebäude der Magnifica Comunità

*Innenansicht des Gebäudes
der Magnifica Comunità*

Monaten Juli und August stattfindet und bei der sich die Teilnehmer zu Pferd bewegen. Bei dem Anlass werden die Höfe, Durchgänge und Plätze der Ortsmitte, die eine ländliche Atmosphäre umgibt, durch die Vorführung alten lokalen Handwerks belebt: Herstellung von Holzschuhen und kleinen Holzgegenständen, Bearbeitung von Baumstämmen, Erzeugung von Holzschindeln und vieles mehr, wie Wollspinnerei, Kornauslesen, manuelles Mähen. Den Rahmen bilden musikalische und folkloristische Darbietungen, und abends laden gastronomische Pfade zum Kennenlernen der lokalen Speisen ein.

Ausgehend von der Ortschaft Tésero fahren wir durch das Val di Stava bis zur Alpe di Pampea-go. Diese Ortschaft bietet im Sommer zahllose Ausflugsmöglichkeiten, wobei die Besucher die Liftanlagen nutzen oder wandern können. Von Pampeago geht es zum Feudopass und zur beeindruckenden Schutzhütte Torre di Pisa oder über den geologischen Wanderweg Dos Capèl, der wunderbare Mineralien und naturkundliche Besonderheiten der Gegend bereithält.

In der Nähe von Tésero liegt auf einer weiten sonnigen Terrasse auf der Südseite des Corno Nero der Hauptort des Fleimstales **Cavalese**, das historische und administrative Zentrum des Gebietes. Dieses lebhafte Städtchen ist stolz auf seine historische Bedeutung, die auch aus zahlreichen Zeugnissen der Kunst, aus rustikalherrschaftlichen Bauten und aus freskengeschmückten Palais spricht. Auf der Hauptstraße stechen sofort die wertvollen Fresken und die bischöflichen, päpstlichen und kaiserlichen Wappen ins Auge, die die Hauptfassade des schönen Gebäudes zieren, das einst Sommerresidenz der Fürstbischöfe von Trient und später Sitz der Magnifica Comunità Generale di Fiemme war.

Im Inneren ist in den antiken, mit Fresken und Holzdecken gezierten Sälen eine wertvolle Pinakothek untergebracht, die eine Sammlung von Gemälden der Fleimstaler Malschule aus dem 17. und 18. Jh. und andere Werke zeitgenössischer Trentiner Künstler enthält. Außerdem befinden sich hier das Museo Civico (Stadtmuseum) und ein bedeutendes historisches Archiv.

Cavalese,
"Banc de la reson"

Cavalese,
Stadtturm

In der Nähe des Gebäudes fallen der prachtvolle Stadtturm (Torre Civica) und die Kirche der Heiligen Sebastiano und Fabiano auf. Von hohem künstlerischen Wert ist auch die Kirche San Vigilio mit dem Franziskanerkloster, in dem Bilder der lokalen Malschule verwahrt sind. In der Nähe der Pfarrkirche Assunta steht im Inneren des gleichnamigen Parks im Schatten majestätischer Linden das alte Monument *Banc de la reson,* eine Art Parlament im Freien, das aus zwei konzentrischen, um einen runden Tisch herum angeordneten Kreisen aus Stein gebildet wird: Hier fanden die Versammlungen der Magnifica Comunità statt. Alljährlich belebt sich am Mariä-Himmelfahrtstag am 15. August der *Banc de la reson* bei der Veranstaltung *Il Giorno del Non.*

Diese erinnert an eine Begebenheit aus dem 18. Jh., nämlich an den Besuch, den Fürstbischof Vigilius Thun dem Fleimstal abstattete. Bei der Gelegenheit werden Volkstänze vorgeführt und Spiele und Wettbewerbe abgehalten, die mittelalterliche Gebräuche wieder aufleben lassen. Von Cavalese aus fahren wir vorbei an der kleinen Gemeinde **Varena** und weiter auf der Straße, die das Valle del Gambis bis zum Lavazèpass hinaufführt, der das Eggental/Val d'Ega mit dem Fleimstal verbindet und der ein prachtvolles Panorama des Rosengartens/Catinaccio und des Làtemar bietet.

Ausgehend von Cavalese können wir aber auch zum schäumenden Wasserfall des Val Moena oder auf die nahe Alpe del Cermis fahren, die einen ausgezeichneten Ausgangspunk für Ausflüge in den Lagorai bildet: eine weite Bergzo-

Cavalese, Hexenprozess: historisch äußerst genaue Rekonstruktion der gnadenlosen Hexenverfolgung der frühen Jahre des 16. Jh.

93

Castello di Fiemme

ne, über die zahlreiche kleine Seen verstreut liegen, unter denen sich die Bombasèl-Seen und der märchenhafte Lagoraisee auszeichnen.

Wenn wir uns nach Cavalese auf der Staatsstraße talwärts bewegen, dringen wir in das Gebiet des unteren Fleimstales (Bassa Val di Fiemme) ein, wobei wir zunächst die Gemeinde **Castello**, dann den Ort Molina di Fiemme erreichen.

Von hier können wir durch das Val Cadíno und anschließend durch das Tal des Rio Stue fahren, bis wir zu einem bezaubernden See, dem "Laghetto delle Stellune" gelangen. Nach Molina di Fiemme fahren wir an der Abzweigung nach Capriana vorbei und durchqueren, dem Südufer des Stramentizzosees folgend, das Gemeindegebiet von **Valfloriana** im oberen Valle di Cembra (Alta Valle di Cembra). Über Brusago erreichen wir schließlich das Valle di Piné.

94

Gastronomie und heimische Produkte

Einst galten die Gerichte des Fleimstales als "arme Küche", doch in den letzten Jahren wurde das gastronomische Angebot allmählich reichhaltiger. Neben den typischen Trentiner Speisen bietet das Fleimstal nun zahlreiche lokale Spezialitäten.

Unter den ersten Gängen sind die *Canòcei* zu nennen, halbmondförmige Ravioli, die mit Kartoffeln, Käse, Muskatnuss und Schnittlauch gefüllt, mit zerlassener Salbei-Butter übergossen und mit Trentiner Granakäse und Mohn bestreut werden.

Unter den Fleischspeisen und Wurstsorten sind die beliebten *Lugàneghe* zu erwähnen, vor allem jene aus Ziegen- und Schafffleisch, die nach alten, sorgsam gehüteten Rezepten erzeugt werden; außerdem der traditionelle *Speck*, dessen Zubereitung genauen Pökel- und Räuchertechniken folgt, die seit Generationen weitergegeben werden, die *Puntine di maiale* (Schweinsrippchen), die mit Sauerkraut oder Polenta serviert werden, und die ausgezeichneten Wildbretgerichte, wie das leckere *Spezzatino di cervo* (Hirschgulasch) und das *Capriolo in umido* (Reh mit Sauce). Die zahlreichen Almhütten sichern eine beachtliche Käseproduktion und bilden im Sommer einen Anziehungspunkt zum Kennenlernen dieser guten heimischen Produkte. Neben der Milch und der Butter kann der Gast schmackhafte Käsesorten kosten, wie den weichen und milden *Dolomiti*, den Trentiner Grana, den *Nostrano di Cavalese* und den duftenden *Fontal*, die besonders angezeigt sind für die Zubereitung des ausgezeichneten *Zin-zin*, eines Gerichts aus geschmolzenem Käse, Polenta und frischen Pilzen, an denen die Wälder des Tales reich sind. Ein gutes Pilzgericht ist *Brise al pangratà*, Steinpilze, die mit Salz, Pfeffer, Knoblauch, Schnittlauch, Semmelbröseln geröstet und mit zerlassener Butter übergossen werden. Der Blütenreichtum des Tales gestattet außerdem eine intensive Honigproduktion: Almrausch-, Tannen- und Fichtenhonig und der bekannte *Millefiori*. Beachtlich ist auch die Produktion von Likören, die aus edlen Heil- und Gewürzkräutern gewonnen werden, wie Raute, Waldmeister, Wacholder, Brennnessel, Enzian, Rhabarber und Latschenkiefer.

Unter den größten gastronomischen Veranstaltungen sei die *Desmontegada dele caore* (Almabtrieb der Ziegen) genannt, die jedes Jahr im September in Cavalese stattfindet und bei der verschiedene Ziegenprodukte angeboten werden, wie Milch, Käse und Würste.

VALLE DI PINÉ
UND VALLE DI CEMBRA

Wir verlassen jetzt das Val di Fiemme (Fleimstal) und folgen ein kurzes Stück dem oberen Valle di Cembra, wo wir die Orte Casatta di Valfloriana und **Sovér** berühren, wonach wir auf einer steilen Straße bergauf nach Brusago fahren und in das Gebiet des Valle di Piné eindringen. Das im zentralen und östlichen Trentino auf einer durchschnittlichen Höhe von ca. 800 bis 1000 m gelegene Valle di Piné erscheint als weites Hochland, das sich zwischen den Wassereinzugsgebieten des Wildbachs Avisio, in den der Rio Regnana und der Rio Brusago münden, und des Wildbachs Fèrsina mit seinen beiden Zuflüssen Rio Negro und Rio Silla erstreckt. Im Nordosten wird die Hochebene von den südwestlichen Ausläufern der Lagoraikette gesäumt.

Im Westen trennen sie der waldige Rücken des Dosso di Segonzano, des Monte Ceramonte und die Dossi della Roggia vom Valle di Cembra, während sie im Osten der Dosso di Costalta gegen das Valle dei Mòcheni (Fersental) abgrenzt. Das sanft gewellte Gelände zeichnet sich durch weite Wälder aus, die sich aus Föh-

◀ *Der Piazze- und Serraia-See*

Valle di Cembra

fer im berühmten Olympiastadion von Miola di Piné auf Kunsteis ihre Kreise ziehen, während den Skilangläufern zahlreiche Loipen zur Verfügung stehen: auf dem nahen Redebùspass, der das Valle di Piné mit dem Valle dei Mòcheni verbindet, oder in der Nähe der Ortschaft Centrale, wie auch zwischen dem Eisstadion von Miola und dem Lago di Serraia.

Die dichten Föhrenhaine der Hochebene werden hie und da von malerischen Seen und von landschaftlich höchst wertvollen Naturreservaten unterbrochen, die das bezaubernde Bild des Tales zusätzlich bereichern.

Die Orte, die die grüne Hochebene von Piné säumen, erheben sich auf den Berghängen oder am Rand des Talgrunds, in ausgezeichneter Panoramalage. Zumeist sind es kleine Ortschaften

ren, Fichten, Birken, Buchen und Zirbelkiefern zusammensetzen und mit ausgedehnten grünen Wiesen abwechseln.

In landschaftlicher Hinsicht ist das Hochland von Piné ein Gebiet von seltener Naturschönheit, eine stille Oase und ein ideales Ziel für alle, die Ruhe lieben und gerne Sport im Freien betreiben. Die markierten Wege, die das Gelände kreuzen, bieten die Möglichkeit zu angenehmen Wanderungen, zu Ausritten oder Radfahrten und auch zu etwas anstrengenderen Touren, die über Weiden und durch Wälder bis zu den Almen und Schutzhütten führen.

Im Laufe der Wintersaison können die Eisläu-

ländlichen Stils, deren historische Mitte sich durch rustikale Gebäude mit typischen Balkonen, Höfen, engen, mit Steinen gepflasterten Gassen und alte Waschplätze auszeichnet. Nach der Siedlung Brusago erhebt sich in der Nähe von Centrale, hingeschmiegt auf den Westhang des oberen Valle di Piné, **Bedollo**, ein Ort, der sich durch sein charakteristisches Terrassengelände und durch die beneidenswerte Stellung auszeichnet, die einen außergewöhnlich schönen Blick auf die gesamte Hochebene, auf die Seen Piazze und Serraia, bis zu den Brentadolomiten bietet. In der Ortschaft Villa erhebt sich die eindrucksvolle Pfarrkirche

Die Seen der Hochebene

Die Seen gehören zu den hervorstechenden Besonderheiten der Landschaft von Piné.

Der Serraiasee, der in einer grünen Senke am Fuße des Dosso di Costalta liegt, ist dank seiner Badeanstalten im Sommer ein Anziehungspunkt für Touristen. Sein Wasser eignet sich vor allem zum Windsurfen, Segeln, Kanufahren und Angeln. In der Wintersaison verwandelt sich die Seefläche in einen großen, natürlichen Eislaufplatz.

Auch der nahe gelegene Piazzesee zeichnet sich durch Fischreichtum und durch kleine Strände aus, die im Sommer zu entspannendem Sonnenbaden einladen.

An den Ufern beider Seen erstreckt sich ein gut gewarteter Weg, der sich für angenehme, erholsame Spaziergänge anbietet. Der kleine Laghestèlsee, der zwischen den Orten Montagnaga und Vigo liegt und von der Ortschaft Ferrari aus erreichbar ist, befindet sich im gleichnamigen Naturreservat, einem geschützten Gebiet von hohem wissenschaftlichem Wert.

Seine Geschichte wird anhand von Erläuterungstafeln beschrieben, die am Wegrand aufgestellt sind. Dieser kleine See ist wegen der Rotfärbung seines Wassers bekannt: eine Erscheinung, die vor allem im Sommer bei bestimmten Klimaverhältnissen, dank des Vorliegens einer speziellen Alge - der *Euglena sanguinea* - zu bemerken ist. Schließlich sei auf den Busesee in der Nähe von Brusago verwiesen, an dessen Ufer ein angenehmer Wanderweg verläuft.

Sant'Osvaldo, die mit ihrer architektonischen Wucht und dem steilen, mit Schindeln gedeckten Satteldach von oben den Talgrund beherrscht.

Von der nahen Siedlung Piazze - einem kleinen Ort, der sich auf einem Hügel in sonniger Lage erstreckt - erreichen wir nach einem kurzen Spaziergang die Cascata del lupo, einen Wasserfall, in dessen Nähe eine Treppe zur Klamm führt, in der mit einem Sprung von etwa 40 m das Wasser des Canale dei Casei und des Rio Regnana in die Tiefe donnert.

Nachdem wir das Westufer des Piazzesees entlanggefahren sind und den Ort Rizzolaga hinter uns gelassen haben, erreichen wir den Serraiasee und die Ortschaft **Baselga di Piné**, das Verwaltungs-, Handels-, Fremdenverkehrs- und Kulturzentrum der Hochebene. Im Sommer verwandelt sich seine Hauptstraße, die reich an schönen Geschäften und Handwerksläden ist, in einen wahren Blumensalon.

Von der Hauptstraße aus gelangen wir bald in die alte Ortsmitte von Baselga Vecchia mit den Steinstraßen und den typischen, als *Cormèl* angeordneten Häusern: Gebäudekomplexe mit Innenhöfen und Hausfluren, Söllern und Außentreppen.

Diesen Teil des Ortes beherrscht die Pfarrkirche Assunta, ein sakrales Gebäude von besonderem künstlerischen Wert, das zahlreiche Baustile in sich vereint - von der Gotik zur Romanik, von der Renaissance zum Barock - und überdies interessante Innenfresken aufweist.

Ausgehend von Baselga di Piné führt uns ein kurzer Weg zum Croz de la Broca.

Der Ort ist wegen einer interessanten Eishöhle bekannt, die sich im Felsen gebildet hatte und an deren Fuß im Ersten Weltkrieg ein Luftschutzkeller entstanden war. Wenn wir durch den grünen Wald wandern, dringen wir bis zur Ortschaft Bedolpiàn vor, die auf einer schönen Lichtung in einem dichten Föhrenhain liegt.

Montagnaga di Piné,
die Bronzegruppe der Marienerscheinung

Danach erreichen wir die Ortschaft Bellavista, die auf einem Felsplateau angelegt wurde, das ein traumhaftes Panorama bietet: Es umfasst die Orte des Valle di Cembra, die Berge des Etschtales, den Monta Baldo, die Brentadolomiten und den Cevedale.

Nach der Ortschaft Baselga di Piné fahren wir an der nach Miola führenden Abzweigung vorbei und schlagen die Straße zur Siedlung Montagnaga ein. An dieser Strecke liegt der Dos di Vigo, die spektakulärste Panoramastelle des Tales. Bei der kleinen Kirche San Giuseppe bietet sich eine unbeschreibliche Aussicht auf die Trentiner Berggipfel, die das Vigolanamassiv, den Monte Bondone, den Monte Baldo, die Alpi di Ledro und die Gipfel des Adamello, der Paganella und der Brentadolomiten umfasst. Im Osten der Laghestèl-Senke erhebt sich hingegen der Dos de la Mot, auf dem - eingebettet in einen dichten Wald von Föhren, Sommereichen und Buchen - die Ruine der alten Burg Belvedere liegt.

Der Sage nach war sie vor ihrer Zerstörung Wohnsitz des grausamen Tyrannen Jacopino gewesen, des Lehensherrn, der nach einem blutigen Aufstand von den Einwohnern des Ortes geköpft worden war. Alljährlich beleben sich im August die Straßen des Ortszentrums von Baselga di Piné bei der Veranstaltung *Tiranno Jacopino e la vendetta dei Pinetani,* in deren Verlauf Krieger und Ritter in historischen Kostümen in Begleitung von Adelsdamen und Bauernvolk mit dem Wüterich Jacopino durch die Straßen des Ortes ziehen.

Montagnaga, eine Siedlung von Baselga di Piné, liegt am äußersten Rand des Hochlandes. Sie ist vor allem wegen des Marienheiligtums Madonna di Caravaggio bekannt, eines der berühmtesten Wallfahrtsorte des Trentino und Ziel zahlreicher Pilgerreisen.

Ausgehend von der Ortsmitte folgen wir einem stimmungsvollen religiösen Pfad: Er führt von der Kirche Sant'Anna, in der interessante Kunstwerke aus dem 18. Jh. zu bewundern und zahlreiche Votivtafeln ausgestellt sind, bis zur Comparsa, der Stätte, an der die erste Marienerscheinung erfolgte. Unweit von hier genießen wir von der Panoramastelle der Ortschaft Belvedere einen prachtvollen Ausblick auf die Berge um Trient, die Brentadolomiten, die Seen Caldonazzo und Canzolino und auf Pèrgine Valsugana mit seiner eindrucksvollen Burg. Nach Baselga di Piné zurückgekehrt, erreichen wir nach der Siedlung Tressilla bei weiterem Bergabfahren die Abzweigung zum Ort San Mauro, der wegen seiner Porphyrsteinbrü-

Die kleine Kirche San Mauro; unten Detail des Triptychons

che bekannt ist, wie auch wegen seiner schönen Kirche, eines der bedeutendsten Bauwerke der angewandten Trentiner Kunst, deren Inneres Fresken italienischer und deutscher Schulen aus dem 16. Jh. zieren.

Nach dem kleinen Ort Nogaré fahren wir das enge Tal des Rio Silla hinunter und biegen in Richtung des Ortes **Civezzano** ab. Ihn beherrschen die Pfarrkirche Assunta, ein wunderbares, im 13. Jh. urkundlich erwähntes Sakralgebäude, das in der ersten Hälfte des 16. Jh. in gotischem und Renaissancestil neugebaut wurde und wegen seiner wertvollen Innenfresken bekannt ist, und das wuchtige Castel Telvana. Nachdem wir an der Abzweigung nach Civezzano vorbeigefahren sind, bewegen wir uns entlang dem rechten Ufer des Rio Silla talaufwärts und dringen nach dem Ortsteil Torchio schließlich in das Gebiet des Valle di Cembra ein.

Das Valle di Cembra - die tiefe Senke, die dem unteren Abschnitt des Wildbachs Avisio entspricht - fällt unter den Trentiner Landstrichen durch seine besonderen Merkmale auf. Vor allem zeichnet es sich durch den Wechsel der Landschaftsbilder aus, die sich stark voneinander unterscheiden. Sie reichen von lieblichen, sonnigen und mit Weinreben bestandenen Flächen und grünen Terrassen des Westhangs bis zur wilden Felslandschaft der offenen Porphyrsteinbrüche auf dem Osthang.

In den Steinbrüchen, die sich vorwiegend um die Gemeinden **Fornace**, **Albiano** und **Lona-Lasés** sammeln, wird das sogenannte "rote Gold des Trentino" abgebaut, der wertvolle Porphyr, der für Arbeiten der Stadtgestaltung und -verschönerung eingesetzt wird und das Tal in aller Welt berühmt gemacht hat. Neben der Abbautätigkeit hat das Valle di Cembra ei-

Porphyrsteinbruch

Stadtverschönerung

Die grüne Terrasse der Weinreben

Das Valle di Cembra ist ein wahres Paradies des Weins und der Trauben.

Die Geländeplateaus, die auf den steil zum Avisio abfallenden Hängen geschaffen wurden, sind durchgehend von dichten, üppigen Pergeln bedeckt. Der Weinbau blickt hier auf eine Jahrtausende alte Geschichte zurück, wie der Fund einer Situla, einer bronzenen Vase rätisch-etruskischen Ursprungs aus dem 4.-7. Jh. n. Chr. beweist, die den Wein aufnahm, der als Opfergabe für die Götter diente. Das in der Nähe von Cembra entdeckte Gefäß wird

derzeit im Castello del Buonconsiglio in Trient verwahrt. Dank des emsigen Wirkens der Bauern wurde die ursprüngliche Landschaft modelliert, und die steilen Hänge des Tales verwandelten sich in zahlreiche, von Trockenmauern aus rotem Porphyr gestützte Terrassen. Wegen des gemäßigt-kalten Klimas der Gegend, der guten Qualität des Bodens und der günstigen Südlage liefern die Weingärten der sonnigen Hochgebirgshügel ausgezeichnete Produkte. Unter diesen ist in erster Linie der Müller Thurgau, ein geschätzter aromatischer Weißwein zu nennen, der hier optimale Bedingungen vorfindet. Eine Erwähnung verdienen auch der Blauburgunder,

der Lagrein, der Chardonnay, der Nosiola, der Cabernet und der Vernatsch. Die Heimat des Müller Thurgau ist Cembra, wo jährlich im Juli die berühmte *Rassegna internazionale dei vini Müller Thurgau dell'arco alpino* (Internationale Ausstellung der Müller Thurgau-Weine des Alpenraumes) stattfindet, eine Veranstaltung, die ganz diesem edlen Wein gewidmet ist und zahlreiche Ereignisse kultureller, folkloristischer und gastronomischer Art umfasst.

Eine weitere Weinveranstaltung, die man sich nicht entgehen lassen sollte, ist das Traubenfest *Festa dell'uva*, das alljährlich Ende September in Verla di Giovo stattfindet.

Es ist ein schönes Volksfest, das Aufschluss über die Geschichte und die Gebräuche des lokalen Weinbaus bietet und durch viele Rahmenveranstaltungen bereichert wird, unter denen vor allem der Umzug der geschmückten Karren und zahlreiche Möglichkeiten zur Verkostung heimischer Speisen zu nennen sind.

Erwähnenswert ist auch die Grappaherstellung nach antiken Methoden, die seit Jahrhunderten weitergegeben werden. Zu den für die Destillation edler Trauben bekannten Orten gehören Fàver und Segonzano.

*Segonzano,
die Erdpyramiden*

das prächtige Castello di Roccabruna und die nahe gelegene Pfarrkirche San Martino, die bereits im 12. Jh. erwähnt und im 16. und 19. Jh. umgebaut wurde. Von Fornace aus erreichen wir den kleinen Lago di Santa Colomba, einen bezaubernden, romantischen See auf der Hochebene des Calisio (Altopiano del Calisio), einem Gebiet, das auch wegen des Vorliegens alter Silberbergwerke, der sogenannten *Canòpe,* bekannt ist.

Nach unserer Rückkehr zur Hauptstraße fahren wir zunächst am schönen Laséssee vorbei in Richtung Sevignano, wonach wir **Segonzano** erreichen, eine von fruchtbaren Äckern umgebene Ortschaft am rechten Ufer des Rio Regnana. Segonzano ist vor allem wegen der Erdpyramiden bekannt, die von den Einwohnern auch *Òmeni de tera* (Erdmänner) genannt werden und dem Ort zu internationaler Berühmtheit verholfen haben. Es handelt sich um ein interessantes geologisches Gebilde aus großen Säulen und Türmchen, die in Gruppen beieinanderstehen, bis zu zwanzig Meter Höhe erreichen und auf deren Spitzen wuchtige, schützende Porphyrsteine ruhen. Die Pyramidenzone ist leicht erreichbar, wenn wir zu Fuß einem bequemen Weg von beachtlichem geologischem und naturalistischem Interesse folgen. Zwischen der Ortschaft Fàver, die oberhalb des rechten Avisioufer liegt, und Segonzano, das sich auf einem Porphyrfelsen ausbreitet, erhebt sich versunken in die dichte Vegetation von Wäldern und Weingärten die Burgruine Segonzano. Nur wenig nördlich von Segonzano ruht in der Ortschaft Sabión im Schatten einer majestätischen Linde das Heiligtum der Madonna dell'Aiuto, eine der bekanntesten Wallfahrtsstätten des Trentino. Wenn wir auf dem Osthang des Tals weiter bergauf fahren und die

nen Großteil seines Reichtums aber auch seinem traditionellen Weinbau zu verdanken.

Hingeschmiegt auf beide steilen Talhänge liegen zwischen Weinterrassen die Dörfer des Valle di Cembra, die noch heute das Aussehen von einst zeigen: mit den Ortsteilen, die die typische Struktur des *Cormèl* aufweisen, den zusammengerückten Häusern, den charakteristischen *Pòrteghi* (Hausfluren) und den alten Brunnen. Nach der Siedlung Torchio erreichen wir, wenn wir der Straße in nördlicher Richtung bis zur Abzweigung nach Baselga di Piné folgen, bald die Gemeinde **Fornace**, einen charakteristischen Ort, der sich trotz der modernen Bauweise und der jüngsten Bauarbeiten, bei denen die Stadt mit Porphyr ausgestaltet wurde, noch in manchen Winkeln das Aussehen von einst bewahrt hat. Hier dominieren

Orte Piscine und Casatta di Valfloriana hinter uns lassen, erreichen wir den Stramentizzosee. Wir bewegen uns zunächst entlang dem Südufer des Sees, schlagen dann die Straße links ein und beginnen die Abfahrt des Valle di Cembra, wobei wir uns am rechten Avisioufer halten. Beim Bergabfahren stoßen wir auf **Capriana**, dann auf **Gràuno**, eine kleine Siedlung am südlichen, in Terrassen unterteilen Fuß des Dosso del Colle (Halseck), der vor allem durch seinen Karneval bekannt wurde, der alljährlich am Faschingsdienstag gefeiert wird. Für dieses alte, charakteristische Trentiner Volksfest wird einige Tage zuvor die größte Föhre der Gegend gefällt. Nach einem genau festgelegten Ritual wird der Baum zum Abschluss der Feierlichkeiten auf die Spitze eines Hügels gehievt und dort verbrannt.

Von Gràuno führt ein interessanter Volkskundeweg, der sogenannte Sentiero dei vecchi mestieri (Weg der alten Berufe) den Rio Mulino entlang bis zur Ortschft **Grumés**. Der Pfad ist ein wahres Freilichtmuseum, das einige interessante, traditionelle Bauten und Erzeugungsanlagen zeigt, die entsprechend restauriert und unter Denkmalschutz gestellt wurden, wie die

Gràuno, letzter Faschingstag,
das traditionelle Verbrennen der Föhre

Segonzano, die Burg

Mühle, das alte Sägewerk und die Hammerschmiede. Wenn wir nach Grumés auf der Hauptstraße talwärts fahren, kommen wir an der Gemeinde **Valda**, einem kleinen Ort am Fuß des Monte Novaline, und **Fàver** vorbei, wonach wir schließlich **Cembra**, den Hauptort des gleichnamigen Tales erreichen. Er erhebt sich auf der Spitze eines von Weingärten bedeckten Terrassenhügels, von dem wir eine herrliche Aussicht auf die Berge des Fleimstales, die Erdpyramiden von Segonzano und den Monte Bondone genießen. Die rustikalen Gassen der historischen Ortsmitte werden von charakteristischen Brunnen und eleganten Herrschaftspalais geziert, unter denen der Palazzo Barbi aus dem 18. Jh. hervorsticht, in dem jährlich die Müller Thurgau-Veranstaltung stattfindet. In einem seiner Säle ist eine Dauerausstellung der heimischen Produkte des

Valle di Cembra zu sehen. Unter den sakralen Gebäuden sei die Kirche San Pietro erwähnt: ein gotischer Bau aus dem 16. Jh., der über einer Anlage aus dem 12. Jh. entstanden war; er weist ein prachtvolles Portal, einen mittelalterlichen Glockenturm und wertvolle Innenfresken aus dem 16. und 17. Jh. auf. Sehenswert sind auch die im 12. Jh. urkundlich erwähnte und im Laufe des 15. und 16. Jh. in gotischem Stil neu aufgebaute Pfarrkirche Maria Assunta mit Fresken aus der zweiten Hälfte des 15. Jh. und die bezaubernde kleine Kirche San Rocco, die vielleicht bereits im 14. Jh. bestand. In der Nähe dieses Gotteshauses befindet sich der Sasso del Dürer (Dürer-Stein), jene Stätte, an welcher der berühmte Künstler vermutlich einst das Tal malte. Von Cembra aus erreichen wir, wenn wir das Tal des Rio Scorzai bergauf fahren, den Lago Santo, einen bezaubernden, blauen See, der von dichtem Lärchen-, Föhren- und Tannenwald umgeben ist. Er liegt auf der Hochebene, die das Valle di Cembra vom Etschtal trennt. Die hier herrschende Ruhe animiert zu erholsamen Wander- oder Reitausflügen. Vom Lago Santo erreichen wir über einen bequemen Weg den Roccolo del Sauch, eine alte Vogelfängeranlage in einem malerischen Laubengang, wonach wir bis zur Pineta di Faedo weiterfahren.

Wenn wir der Straße auf der rechten Talseite folgen, berühren wir zunächst die kleine Ortschaft **Lisignago**, dann die Gemeinde **Giovo**, die mit ihren zahlreichen Siedlungen wie ein grüner, üppiger Weingarten erscheint. In der Siedlung Ville di Giovo erhebt sich die Ruine des mittelalterlichen Castello della Rosa mit einem quadratischen Turm. Nach der Gemeinde Giovo fahren wir durch den unteren Abschnitt des Valle di Cembra und gelangen schließlich bei der Ortschaft Lavis in das Etschtal.

Roccolo del Sauch

Gastronomie und heimische Produkte

Auch wenn die Küche der Hochebene von Piné einfach ist, bietet sie doch einige traditionelle, nach alten Rezepten zubereitete Gerichte, die bei Feinschmeckern hoch im Kurs stehen.

Zu den heimischen Spezialitäten zählen die *Mosa,* eine Suppe aus Wasser, Salz, Weiß- und Maismehl und Reis, und die *Pinza de lat,* die mit Milch, Eiern, Weißmehl, altbackenem Brot, Öl, Grappa und Salz zubereitet wird.

Was das Valle di Cembra anbelangt, sind die charakteristischen Speisen der Küche von Fàver nicht zu vergessen, die ausgezeichnete, mit verschiedenen Saucen servierte Klöße umfasst.

Da das Gebiet fast vollständig über 800 m liegt, gedeihen hier die typischen Agrarerzeugnisse der Hochebene, d.h. Berggemüse wie Rüben, Kopfkohl, Bohnen und Kartoffeln.

Recht verbreitet ist der Anbau von Kleinobst und Beeren, vor allem von kleinen und großen Erdbeeren, Ribiseln, Brombeeren, Himbeeren und Heidelbeeren. Die Wälder von Piné sind reich an Pilzen, wie *Brise* (Steinpilze) und *Finferli* (Pfifferlinge), die die Grundlage ausgezeichneter Speisen bilden. Im Valle di Cembra nimmt neben der Produktion von Kleinobst, Kastanien und Honig auch der traditionelle Weinbau einen besonderen Platz ein, auf den sich die Erzeugung edler Weine und Grappas stützt. Schließlich sei daran erinnert, dass alljährlich im Oktober in Albiano die traditionelle *Festa della castagna biana,* ein Kastanienfest stattfindet, während in Lona-Lasés bei der *Festa del miele e della castagna* leckere Mehlspeisen zu verkosten sind, die aus den beiden bekömmlichen Produkten Honig und Kastanie zubereitet werden.

Palù di Giovo, Laubengänge

Valle di Cembra, Keller

Trient
und Valle dell'Adige
(Etschtal)

Nachdem wir das Valle di Cembra und den Wildbach Avisio hinter uns gelassen haben, befinden wir uns plötzlich in der flachen Senke des Mittellaufs der Etsch, einem weiten Gebiet, das sich zwischen der Salurner Klause im Norden und der Chiusa dei Murazzi (Murazziklause) in der Nähe von Besenello im Süden erstreckt. Dieses ausgedehnte Gletschertal wird durch eine Vielfalt an Landschaftsbildern gekennzeichnet: Sie umfassen dichte Wein- und Obstgärten, die sich im Talgrund harmonisch ineinander fügen, und die umliegenden Hügel und Berge, die das Gebiet abgrenzen. Im Osten erheben sich der Monte Corona, der Monte Calisio, die Marzola und die Vigolana, im Westen der Monte di Mezzocorona, die Paganellagruppe und der Monte Bondone. Im mittleren Teil des Tales liegt - hingeschmiegt in eine Senke am linken Etschufer - Trient, ein besonders charakteristischer Ort des Alpenraumes, der Hauptstadt der Provinz und gleichzeitig der Region ist. Dieses lebhafte kulturelle, administrative und industrielle Zentrum spielte dank seiner wichtigen geographischen Lage und der hervorragenden strategischen Stellung stets eine grundlegende Rolle als Bindeglied zwischen der mediterranen Zone und Mitteleuropa. Die edlen, strengen Züge Trients erinnern an Ereignisse aus seiner langen Geschichte als

Hauptstadt des Fürstbistums. Vor allem dank des Wirkens der Fürstbischöfe erlebte Trient mit Beginn des zweiten Jahrtausends eine starke wirtschaftliche, städtebauliche und kulturelle Entwicklung, die der Stadt im Laufe der Jahrhunderte verschiedenen Anstrich gaben: Zunächst zeigte sie mittelalterlichen Charakter, dann wurde sie durch die Renaissance- und Barockkunst geprägt. Der Ruhm der Stadt ist vor allem an das berühmte 19. ökumenische Konzil gebunden, das von 1545 bis 1563 stattfand, als Trient zum Zentrum für die Durchführung der katholischen Kirchenreform gewählt wurde. Trient ist eine prachtvolle Stadt der Künste, in der verschiedene Baustile auf der Grundlage der römischen Antike verschmelzen und einander harmonisch abwechseln.

Zu den zahllosen erwähnenswerten Sakralbauten

◀ *Trient*   *Das Etschtal*

Zwischen Palais und antiken Denkmälern

Die beiden in geschichtlicher Hinsicht wichtigsten Pole, der Dom und das Schloss Buonconsiglio, sind durch Straßen verbunden, die von alten Adelsgebäuden, von Resten der zinnengekrönten Stadtmauer, die einst das historische Zentrum umgab, und von hoch aufragenden Türmen gesäumt werden, z. B. den mittelalterlichen Turmbauten Torre della Tromba und Torre Vanga, wie auch dem Torre Verde aus dem 15. Jh.,

Der Freskenzyklus der Monate, Detail (Januar)

der sich in der Nähe der Via San Martino befindet. Den Domplatz, einen der schönsten Italiens und pulsierendes Herz der Stadt, zieren der Neptunsbrunnen aus dem 18. Jh. und elegante, freskengeschmückte Häuser: die Case Cazuffi mit allegorischen Bildern und charakteristischen Säulengängen; der Stadtturm mit dem Palazzo Pretorio aus dem 13. Jh., einst Residenz der Fürstbischöfe und nun Sitz des Diözesanmuseums, in dem wertvolle Zeugnisse der Stadtgeschichte verwahrt sind, wie die Schätze des Doms und berühmte flämische Gobelins; die zinnenbewehrten Mauern des Castelletto dei Vescovi und die wuchtige, romanisch-gotische Kathedrale San Vigilio, eine der schönsten Sakralbauten des gesamten Alpenraumes, mit Glockenturm und einer unter dem Chorraum liegenden Krypta. Wenn wir durch die prunkvolle Via Belenzani spazieren, einst *Contrada larga* genannt, auf der Renaissancebauten zu bewundern sind (darunter der Palazzo Alberti-Colico und der Palazzo Geremia mit ihren wunderbaren Freskenfassaden, wie auch der Palazzo Thun, Sitz des Ge-

meindeamtes), erreichen wir die barocke Jesuitenkirche San Francesco Saverio. In der Via Manci, vormals *Contrada lunga*, wechseln einander elegante Herrschaftshäuser ab, unter denen der Palazzo Fugger oder Galasso aus dem 17. Jh., auch als Palazzo del diavolo (Teufelspalast) bekannt, der Palazzo Trentini aus dem 18. Jh., der Palazzo Saracini Pedrotti mit einer Fassade aus dem 16. Jh. und der ebenfalls im 16. Jh. errichtete Palazzo Salvadori zu nennen sind. Im *Giro al sas*, dem traditionellen Spazierweg der Trentiner, sind weitere wertvolle Adelsgebäude zu bewundern, wie der Palazzo Tabarelli im Renaissancestil mit einer charakteristischen Bossenwerkfassade aus rosa und weißem Stein und das Teatro Sociale, das Stadttheater aus dem 19. Jh., unter dem die Überreste einer antiken *domus romana* aus dem 1. Jh. v. Chr. freigelegt wurden.

Unter den zahlreichen Zeugnissen des römischen *Tridentum* sei außerdem an das Ausgrabungsareal unter dem Torre Mirana, an die *Porta Veronensis* beim Palazzo Pretorio und an die Reste einer antiken Villa in der Nähe der mittelalterlichen kleinen Kirche Santa Margherita erinnert. Nach Durchschreiten der *Contrada lunga* schlagen wir die Via San Marco ein, an deren Kreuzungspunkt mit der bezaubernden Via del Suffragio - auch *Contrada tedesca* genannt - der mit einer prachtvollen Freskenfassade geschmückte Palazzo del Monte aus dem 16. Jh. liegt. Danach erreichen wir schließlich das Schloss Buonconsiglio, einst

Bischofsresidenz und heute Sitz des Landeskunstmuseums. Diese Monumentalfestung ist eine Verbindung verschiedener Baustile: Sie umfasst das mittelalterliche, ursprüngliche Hauptgebäude Castelvecchio
und die Renaissanceanlage Magno Palazzo, die durch
die Giunta Albertiana verbunden sind.

Das Innere des Magno Palazzo zieren wertvolle Ein-
legedecken und sorgfältig ausgearbeitete Fresken der
Künstler Romanino, Dossi und Fogolino. Besonders
interessant sind der Torre d'Augusto und der Torre
dell'Aquila mit dem berühmten Zyklus der Monate:
wertvolle Fresken aus dem 15. Jh., die Wenzel von
Böhmen zugeschrieben werden und als die bedeutendsten Darstellungen der internationalen Gotik
gelten. In den Sälen des Schlosses sind neben mittelalterlichen und modernen Kunstsammlungen auch
Leinwand-Gemälde und Bildtafeln, kostbare Möbelstücke und Gobelins, antike Öfen, Gegenstände aus
Porzellan und Majolika aus dem 16. Jh., Skulpturen,
Münz- und Markensammlungen und archäologisch
wertvolle Exponate zu bewundern.

1. *Schloss*
   Buonconsiglio

2. *Palazzo*
   Alberti-Colico

3. *Dom, Innenansicht*

4. *Die Freskenhäuser*
   auf dem Domplatz

gehören die Basilika Santa Maria Maggiore, eines der schönsten Beispiele der Trentiner Renaissancearchitektur, die gotische Kirche San Pietro, die romanische Kirche San Lorenzo, die in der Nähe des berühmten Dantedenkmals liegt, die Kirche Sant'Apollinare aus dem 12. und 14. Jh., die Kirche San Marco aus dem 13. Jh., die Kirche Santissima Trinità, die in der ersten Hälfte des 16. Jh. erbaut und später barock umgestaltet wurde, die Kirchen Santissima Annunziata und del Suffragio, zwei wertvolle Beispiele der Barockkunst, und schließlich die frühchristliche Basilika auf dem Gipfel des Dos Trento. Das reichhaltige Kunstangebot der Stadt wird durch verschiedene Galerien und zahlreiche Museen abgerundet, wie etwa das Museo d'Arte Moderna e Contemporanea (Museum für moderne und zeitgenössische Kunst), das in der befestigten Residenz Palazzo delle Albere aus dem 16. Jh. nahe dem linken Etschufer untergebracht ist, wo regelmäßig Ausstellungen von internationaler Tragweite stattfinden. Das Museo Tridentino

*Teatro Sociale, im Untergeschoss
die Reste einer antiken "domus romana"*

Der Domplatz

Kirche San Lorenzo

di Scienze Naturali (Naturwissenschaftliches Museum von Trient) im prunkvollen Palazzo Sardagna zeigt Mineralien und paläontologische Reste, die in erster Linie aus dem Dolomitenraum und der Umgebung von Trient stammen.

Das Museo Storico (Historisches Museum) von Trient, das im Schloss Buonconsiglio seinen Sitz hat, umfasst Erinnerungsstücke und Urkunden aus der Geschichte des Trentino von der Zeit Napoleons bis zum Ersten Weltkrieg. Außerdem ist die Galleria Civica d'Arte Contemporanea (Stadtgalerie für zeitgenössische Kunst) zu nennen, wie auch das Museo della S.A.T. (Museum des Trentiner Alpenvereins), das die Geschichte dieses Vereins erläutert: von der Anlegung der wichtigsten Wanderwege und Klettersteige bis zum Bau der ersten Schutzhütten im Hochgebirge und zu den bedeutendsten Bergbesteigungen. Das Museo dell'Aeronautica Giovanni Caproni (Luftfahrtmuseum Giovanni Caproni) von Mattarel-lo, das auf dem Gelände des gleichnamigen Flughafens liegt, umfasst eine Sammlung alter Kriegsflugzeuge. Das Museo Storico delle Truppe Alpine (Historisches Museum der alpinen Truppen) erhebt sich auf dem Dos Trento, unweit des berühmten Mausoleums zum Gedenken an den irredentistischen Trentiner Volkshelden Cesare Battisti. Schließlich sei das einzigartige Museo del rame (Kupfermuseum) genannt, das in den Sälen eines alten Bauerngehöfts aus dem 16. Jh. im Ortsteil Ravina untergebracht ist und etwa dreitausend Kupfergegenstände umfasst. Trient ist auch dank seiner emsigen kulturellen Aktivität ein Anziehungspunkt. Unter den wichtigsten Veranstaltungen seien das bereits berühmte *Filmfestival della montagna* (Bergfilmfestival) genannt, an dem sich bekannte Regisseure und Alpinisten von internationalem Ruf beteiligen, außerdem die

Die Feierlichkeiten zu Ehren des Hl. Vigilius

Die Senke der Viote, im Hintergrund die Tre Cime

mischen Höhepunkten und Feuerwerk rufen sie die Erinnerung an historische und religiöse Ereignisse des Mittelalters und der Renaissancezeit wach. Zuletzt sei auch daran erinnert, dass sich im Dezember die Piazza Fiera mit den Ständen des charakteristischen Christkindlmarktes füllt. Auch die grünen Hügel, die die Hauptstadt umgeben, sind ein beliebtes Ziel geruhsamer Spaziergänge oder Ausflüge und bieten außerdem die Möglichkeit zur Besichtigung eleganter Landvillen, unter denen die prachtvolle Villa Margone bei Ravina hervorsticht, in deren Sälen sich wertvolle Freskenzyklen aus dem 16. Jh. und kostbare historische Möbel erhalten konnten, wie auch Villa Bortolazzi in der Ortschaft Acquaviva, die zu den schönsten Trentiner Barockvillen gehört. Nach einer kurzen, steilen Auffahrt mit der Seilbahn erreichen wir Sardagna, eine Ortschaft am Westhang des Tals, von der wir ein prachtvolles Panorama der darunter liegenden Talebene genießen. Auf der gegenüberliegenden Talseite gelangen wir nach Villazzano. Dieser Stadtteil, der sich am Hang der Marzole ausbrei-

tet, wird von Barockgebäuden und -villen geziert, unter denen die Villa Mersi hervorsticht. Von Villazzano fahren wir zu den Bindesi - ein Ort, der seinen Namen dem Vorliegen großer Geröllmassen verdankt - oder zur Ortschaft Maranza, einem sonnigen Plateau inmitten dichter, grüner Vegetation. Von der Ortschaft Povo, einem auf dem Hang des Monte Celva und des Monte Chegùl gelegenen Stadtteils von Trient, erreichen wir schon bald den Cimirlopass oder die Klamm von Ponte Alto, wo wir den rauschenden Wasserfall des Wildbachs Fèrsina bewundern können. Von hier aus geht es zum Hü-

zahlreichen wissenschaftlichen Veranstaltungen und Kongresse und die verschiedenen Messen und folkloristischen Darbietungen, die oft das Zentrum der Stadt beleben und zahlreiche Touristen locken. Hier sind die *Feste vigiliane* (Feierlichkeiten zu Ehren des Hl. Vigilius) zu nennen, die alljährlich Ende Juni in der magischen Atmosphäre des Domplatzes, auf den Straßen und kleinen Plätzen der Altstadt abgehalten werden: Mit Umzügen, Darbietungen in historischen Kostümen, spannenden Wettkämpfen, gastrono-

Die Piana Rotaliana

gelgebiet von Cognola, in dem sich die Herr-
schaftsvilla Madruzzo, eine antike Bischofsresidenz erhebt, wie auch die monumentale Wallfahrtskirche Madonna delle Laste, ein zu Beginn
des 17. Jh. entstandenes Sakralgebäude, von dessen Platz sich ein schönes Panorama der Stadt erschließt. Von Cognola gelangen wir in kurzer
Zeit zur Siedlung Villamontagna, wonach wir einen gemütlichen Spaziergang auf dem Weg
unternehmen können, der zur Spitze des Monte
Calisio hinaufführt. Wenn wir einige Kilometer
lang die Anfangsstrecke der Straße befahren, auf
der es nach Riva del Garda geht, und dann zur
Ortschaft Sardagna oder nach Sopramonte abbiegen, erreichen wir mühelos den Monte Bondone, jene Berggruppe, die die Wasserscheide
zwischen den Sarcatälern und dem Etschtal bildet. Dieser "Hausberg von Trient", wie er von
den Einwohnern der Stadt genannt wird, ist mit
seinen Orten Candriai, Vaneze und Vasón (welche die steile und panoramareiche Straße säumen, die auf der nordwestlichen Seite des Monte Bondone hinaufführt) ein touristischer Anziehungspunkt. Er ist auch wegen der weiten, üppigen Wiesen bekannt, deren Gräser und Heilkräuter für die Heubäder dienen, die in den
Thermen von Garniga Terme und Vigolo Baselga angeboten werden. Im Winter verwandeln
sich die Weiden und Almwiesen in weiche
Schneepisten, die sich für die Alpinskifahrt und
für Skihochtouren eignen, während Langläufer
die Loipen nutzen, die die sonnige Senke der
Viote queren. Der Monte Bondone ist außerdem
eine wahre naturalistische Insel mit landschaftlichen Kleinoden: Zu nennen sind hier das
Wildnisreservat der Tre Cime des Monte Bondone mit dichter Vegetation, die die Cima Verde,
den Dos d'Abramo und den Cornetto bedeckt,
außerdem der Giardino botanico alpino (botani-
scher Alpengarten) der Viote, der reich an seltenen Pflanzenarten und Blumen ist, und das Cen-

tro di ecologia alpina (Zentrum für alpine Öko-
logie) in der Nähe von Garniga. Nach Verlassen
des Almengebiets des Monte Bondone kehren
wir wieder nach Trient zurück, wonach wir auf
der Staatsstraße in Richtung Norden weiterfahren und dabei in eine Landschaft eindringen, die
sich durch Weingärten auszeichnet, die den weiten Talgrund und die Hügeln des Osthangs
überziehen.

Der Dos Trento

Durch die Weingärten des Etschtals

Die sanften Erhebungen um die Stadt Trient, die Weinbauzentren **Aldeno**, Romagnano und Ravina, die Hügel, die sich weiter im Norden beiderseits der Etsch erheben und die Piana Rotaliana sind bekannt für ihre Weinprodukte.

Knapp nördlich von Trient erstreckt sich zwischen üppigen Pergeln ein malerischer Weg, der durch eines der wichtigsten Trentiner Weinbaugebiete führt. Bei der Ortschaft **Lavis** können wir die Strada del vino (Weinstraße) einschlagen. Sie berührt die Ortschaft Pressano und erreicht schließlich das Gebiet von **Faedo**, eine wichtige Weinbauzone, die einen prachtvollen Ausblick auf die Paganella, die Monti di Mezzocorona, die Brentadolomiten und die darunter liegende Piana Rotaliana bietet. Diese angenehme Tour macht uns mit den Düften und Aromen des weißen und roten Sorni, des edlen Nosiola, des Weißburgunder, des Chardonnay und des Cabernet Franc bekannt - alles ausgezeichnete Weine, die in den zahlreichen Kellereien dieser Gegend hergestellt werden.

Wenn wir von Faedo talwärts fahren, befinden wir uns bald in **San Michele all'Adige**, einem bekannten Weinbauzentrum am rechten Etschufer.

Im Augustinerkloster neben der Pfarrkirche San Michele erhebt sich das Agrarwissenschaftliche Institut, das sowohl auf regionaler, als auch internationaler Ebene einen bedeutenden Bezugspunkt im Bereich des Weinbaus darstellt. Im alten Augustinerkloster ist ebenfalls das berühmte Museo degli Usi e

San Michele all'Adige:
Kellerei des Istituto Agrario und Pfarrkirche

Burg Monreale

Costumi della Gente Trentina untergebracht, das wertvolle Zeugnisse der Land- und Weidewirtschaft der Bergwelt, ihrer Bewohner und deren Gebräuche enthält. Nach San Michele all'Adige verbreitert sich das Tal dem Norden zu: Hier dringen wir in die Piana Rotaliana ein, eine weite Ebene, in der die Weingärten eines der schönsten Landschaftsbilder des Trentino ergeben. Dieses Gebiet ist besonders wegen der Erzeugung des ausgezeichneten Teroldego bekannt, eines Rotweins von fruchtigem Geschmack, der durch seinen Duft besticht. Nicht zu vergessen sind auch der Chardonnay, der Pinot Nero, der Lagrein, der Merlot und die ausgezeichneten Spumantes, reinsortigen Grappas und Obstdestillate. Unter den bekanntesten Weinbauzentren der Ebene ist **Mezzolombardo** zu nennen, ein Ort am Fuße des Monte Fausior, auf dessen Hang sich das wuchtige mittelalterliche Castel Torre erhebt.

Die Ortschaft, die prunkvolle Herrschaftsvillen zieren, wird von der Friedhofskirche San Pietro aus dem 16. Jh. überragt. Unweit von hier liegt am rechten Ufer des Wildbachs Noce das reizvolle **Mezzocorona** am Fuß des gleichnamigen Bergs, von dessen Spitze, die mit einer Seilbahn oder zu Fuß auf einem bequemen Weg erreichbar ist, sich ein sehr schönes Panorama der darunter liegenden Ebene bietet. Wenn wir weiterfahren, erreichen wir schließlich **Roveré della Luna**, einen kleinen Ort an der Grenze zwischen den Provinzen Trient und Bozen

.Auf dieser malerischen Strecke stoßen wir auf verschiedene Zeugnisse der Geschichte und der Kunst, die noch weiter zur Bereicherung dieses bezaubernden Winkels des Trentino beitragen.

Es sei hier an die zinnengekrönte Burg Monreale erinnert, die auf einem Hang inmitten dichter Vegetation knapp nördlich von San Michele all'Adige liegt, oder an Castel Firmian aus dem 15. Jh., das sich am Fuß des Monte di Mezzocorona erhebt. Wenig entfernt davon befindet sich in einer Felshöhle auch die Ruine der Burg San Gottardo.

Gastronomie und heimische Produkte

Neben den bekannten *Strangolapreti* (Mehlklößchen), einer Speise, die bereits die kirchlichen Würdenträger zur Zeit des Konzils von Trient kannten und schätzten, sind unter den repräsentativsten Gerichten der Hauptstadt die *Talleri di Bernardo Clesio* (Bernhard von Cles-Taler) zu nennen, die aus einem Teig aus Gries und Wasser zubereitet und mit einem Ragout aus Kalbfleisch, Kopfsalat, geschmortem Porree und Mohn serviert werden; außerdem die schmackhaften *Canederlòti trentini* (Trentiner Knödel) aus altbackenem Brot, Eiern, Weißmehl, Salz, frischer *Lugànega* (Wurst), Bauchschinken, Knoblauch, Milch und Petersil, die in der Brühe gekocht und mit Trentiner Granakäse bestreut werden; die *Polenta en tel mantin* aus altbackenem Brot, Milch, Weißmehl und Eiern, die im Wasserbad gekocht und dann mit zerlassener Butter und geriebenem Käse serviert wird, und schließlich der *Piatto del Concilio* (Teller des Konzils), der gewürztes, gegrilltes Fleisch und Bohnen mit Zwiebeln umfasst. Unter den heimischen Käseprodukten des Etschtals erscheint an erster Stelle der *Montagna*, ein besonders würziger Käse. Bei den Mehlspeisen sind die *Basini de Trent* (Trentiner Küsse) anzuraten, die aus Mandeln zubereitet werden, die *Zaleti* aus einem Teig aus Milch, Butter, Zucker, Eiern, Mais- und Weizenmehl, Sultaninen, Pinienkernen und gemahlenen Mandeln und schließlich die *Béca*, eine Torte aus altbackenem Brot, Milch, Eiern, Mehl, Zucker, Öl und

Weißer Spargel

Sultaninen. Die Ortschaft Nave San Rocco ist wegen der biologischen Herstellung von *Perséche* bekannt, den ausgezeichneten Äpfeln, die in Scheiben geschnitten und nach dem Trocknungsprozess im Freien nach alten Arbeitsmethoden zubereitet werden.

Das Gebiet von Zambana ist hingegen für den Anbau des bekömmlichen weißen Spargels und wegen des traditionellen Spargelfestes (*Festa dell'asparago*) bekannt, das jährlich im Frühjahr stattfindet. Im gesamten Tal finden regelmäßig kulinarische Veranstaltungen statt. Was Trient anbelangt, ist unter den wichtigsten Ereignissen die *Casolara*, die Alpenkäse-Ausstellung, und das *Festival della polenta* (Polentafest) zu nennen, die beide auf der bezaubernden Piazza Garzetti ihren Standort haben, wie auch der Markt der heimischen Trentiner Produkte (*Mostra-mercato dei prodotti tipici trentini*), der jedes Jahr im September im malerischen Rahmen der Piazza Fiera abgehalten wird. Nicht zu vergessen ist schließlich die traditionelle *Mostra dei vini del Trentino* (Ausstellung der Trentiner Weine), die alljährlich für Mai angesetzt ist und eine reiche Palette der lokalen Weinproduktion bietet.

Markt-Ausstellung
der heimischen Trentiner Produkte

ALTOPIANO DELLA PAGANELLA (HOCHEBENE DER PAGANELLA)

Nach der Ortschaft Mezzolombardo schlagen wir bei der Abzweigung "Bivio della Croce" die Panoramastraße ein, die nach Fai della Paganella führt, und erreichen eine der bezauberndsten Gegenden des Trentino, die Hochebene der Paganella von großem naturalistischen Reiz, die sich im zentralen und westlichen Teil der Provinz auf einer Höhe zwischen ca. 800 und 1100 m ausdehnt.
Ein Teil der Paganella-Hochebene gehört zum Naturpark Adamello-Brenta, einem weiten geschützten Gebiet, das naturalistische Schätze von außerordentlicher Schönheit und unermesslichem Wert hütet.
Bei Überquerung der Hochplateaus erscheint die Landschaft, die sich in all ihrer Pracht erschließt, wie ein unberührtes Paradies.

Lago di Molveno,
im Hintergrund die Brentadolomiten

119

Brentadolomiten, in der Mitte der Campanil Basso

Die Wiesen, Weiden, dichten Wälder und lieblichen Hügel werden von den Felswänden der vielbesungenen Paganella, eines der schönsten Gipfel des Trentino, und von den wunderbaren Nadeln der Brentadolomiten umrahmt. Im Sommer bietet sich die Hochebene sowohl für leichte Wanderungen auf bequemen Wegen, die in die Wälder eindringen und zu den charakteristischen Berghöfen führen, als auch für schwierigere Besteigungen dieser eindrucksvollen Bergkette an.

Wegen der besonderen Geländeformation, bei der zahlreiche ebene Abschnitte mit Steilstücken wechseln, ist die Hochebene der Paganella auch besonders für Mountainbiketouren geeignet. Im Winter sind die Wiesen von einer weichen Schneedecke überzogen, wodurch sie sich in ein ideales Gelände für alle Disziplinen der Skifahrt verwandeln.

Verteilt auf das liebliche, sanft verlaufende Gelände des Hochlandes liegen einige der bekanntesten Trentiner Urlaubsorte. Vom Etsch-tal aus erreichen wir nach zahlreichen Kehren der Panoramastraße, die vom Bivio della Croce wegführt, bald **Fai della Paganella**, eine reizende Siedlung inmitten einer malerischen Landschaft zwischen den Massiven der Paganella und des Monte Fausior.

In Cortalta, dem ältesten Teil des Ortes, sind noch einige charakteristische Bauten erhalten, die äußerst faszinierend sind. In Villa, dem unteren Ortsteil, erhebt sich der elegante Palazzo Spaur, *Castèl* genannt, der einst der gleichnamigen Adelsfamilie gehörte. Heute ist darin das wertvolle Spaur-Archiv untergebracht. Ausgehend vom Zentrum führt uns ein kurzer Spaziergang zum Dos Castel, einem archäologisch sehr interessanten Areal auf einem Felsvorsprung am östlichen Rand des Ortes, wo einige römische Zeugnisse und die Reste eines rätischen Dorfes aus dem 5.-4. Jh. v. Chr. zutage getreten sind. Die Umgebung von Fai und die Hänge der Paganella sind außerdem für Höhlenforscher sehr interessant, da hier zahl-

Fai della Paganella

reiche natürliche Karsthöhlen vorliegen. Darunter sei die Grotta della Lovara auf dem Monte Corno, die Grotta Cesare Battisti auf dem Becco del Corno und die Grotta di San Giacomo auf den Hängen des Dosso della Rocca genannt. Mit einer Gondelbahn ist in kurzer Zeit die bezaubernde Cima Paganella zu erreichen, deren Hänge sich im Sommer für geruhsame Ausflüge eignen, während sie sich in den kälteren Monaten in ausgedehnte Schneeflächen verwandeln.

Wenn wir auf der Straße weiterfahren, die in Richtung Molvenosee über die Hochebene führt, erreichen wir den Ort **Andalo**, der in einer breiten, sonnigen Ebene liegt. Er ist vom grünen Wald, der sich über die Hänge der Paganella herab zieht, und von den eindrucksvollen Zinnen des Brenta umgeben.

Seine Siedlungen entstanden um charakteristische Berghöfe und alte Häuser, die einst vereinzelt lagen und sich bis heute ihr typisches Aussehen bewahrt haben. Andalo ist ein bezau-

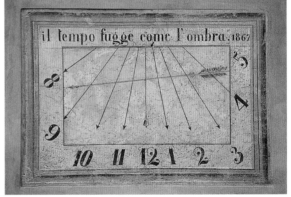

Fai della Paganella, Sonnenuhr

bernder Sommer- und auch Winterurlaubsort, der mit modernsten Liftanlagen ausgestattet ist, die ihn mit der Cima Paganella verbinden. Die Auffahrt ist faszinierend: Je höher wir fahren, desto spektakulärer wird das Panorama, das sich auf die Brentagruppe, den Cevedale, die Vinschgauer Alpen, das darunter liegende Etschtal und den Gardasee ausdehnt. In Ortsnähe verläuft ein romantischer Weg, der den kleinen Andalosee säumt. Es ist dies ein ganz besonderer Karstsee des Trentino, der in Abständen seine Größe ändert. Wenn wir nach Andalo auf der Straße, die die Wälder des Rio Lambin-Tales quert, bergauf fahren, erreichen wir **Molveno**. Es liegt auf einem sonnigen Hang, eingebettet in eine unvergleichlich schöne Landschaft, am Nordufer des gleichnamigen Sees, in dessen klarem Wasser sich die stolzen Wände der Brentadolomiten und die grünen Hänge der Paganella spiegeln. In der Sommersaison wird der hübsche Molvenosee häufig von Wassersportliebhabern oder auch von Ausflüglern besucht, die gemütlich auf seinen weißen Stränden promenieren und die Ruhe genießen, die dieses wertvolle Juwel ausstrahlt, das von einer prachtvollen Naturszenerie umrahmt wird.

Es lohnt sich ein Besuch der historischen Ortsmitte mit ihren majestätischen Adelsgebäuden, unter denen der barocke Palazzo dei Conti Saracini herausragt, und auch der Pfarrkirche San Carlo Borromeo, an die ein mittelalterlicher romanischer Kirchturm anschließt.

Vom Kirchhof aus genießen wir eine unvergleichliche Aussicht auf den See. Faszinierend ist auch der Borgo della Bosnia, der älteste Ortsteil, dessen traditionell gebaute Wohnhäuser ein bezauberndes Bild bieten. Fast am Seeufer erhebt sich die mittelalterliche kleine Kirche San Vigilio mit ihrem prachtvollen romanischen Portal und ihren wertvollen Fresken aus dem 14. Jh. Molveno ist seit jeher ein hervorragender Ausgangspunkt für Bergbesteigungen und Kammwanderungen in den Brentadolomiten. Ab der zweiten Hälfte des 19. Jh. wurde der Ort von Alpinisten und Forschern aller Welt besucht: Sie erschlossen Kletterwege, die heute zur Tradition gehören. Ausgehend von Molveno erreichen wir per Gondelbahn den Ort Pradèl, ein kleines Hochplateau inmitten grüner Wälder, von dem sich eine phantastische Aussicht auf den See bietet. Mit einem anderen Sessellift fahren wir dann bis zur Montanarahütte hinauf, wonach wir in die Brentagruppe eindringen. Hier können wir unvergessliche Gratwanderungen unternehmen, worunter der spektakuläre gesicherte Steig der Bocchette zu erwähnen ist. Von der Ortschaft Pradèl führt schließlich ein Weg durch das wildromantische Valle delle Seghe, eines der charakteristischsten Alpentäler im östlichen Teil der Brentagruppe, das seinen Namen von den antiken, mit Wasser betriebenen Sägewerken ableitet, die einst am Lauf des Wildbachs Maso standen. Wenig entfernt vom Westufer des Molvenosees erstreckt sich ein kleines volkskundliches Areal, in dem sich das letzte Wassersägewerk, die sogenannte *Taialacqua* befindet, in der einst die *Molvene* hergestellt wurden - Holztafeln, mit denen im Gardaseegebiet Handel betrieben wurde. Die noch

Molveno und der See

Spormaggiore, Castel Belfòrt

voll funktionsfähige Anlage aus dem 16. Jh. wird vom Wasser des Rio dei Molini gespeist. Sie umfasst einen Raum zum Sägen und einen anderen, in dem das Triebwerk und ein Wasserrad untergebracht sind. In der Sägemühle wurde auch ein Besucherzentrum eingerichtet, das wertvolle Informationen zum Betrieb dieser Anlage und zum Holzbestand im Trentino bietet. Geschichtsbegeisterte wird der Ausflug interessieren, der zum waldbestandenen Sporn des Monte Corno führt, wo noch die Reste der Fortini di Napoleone (Napoleonsfestungen) sichtbar sind, die die Österreicher zur Verteidigung gegen die napoleonischen Truppen errichteten, die in den Jahren 1802 - 1805 von den Valli Giudicarie vorstießen. Nach Andalo zurückgekehrt, fahren wir zur Talenge der Rocchetta abwärts auf einer gewundenen, panoramareichen Straße, bis wir die Orte **Cavedago** und **Spormaggiore** erreichen. Zwischen ihnen erkennen wir auf einer steilen Anhöhe, die einen unvergleichlichen Ausblick auf das Valle di Non, die Brentagruppe und die Paganella bie-

tet, den eindrucksvollen Turm und die Ruine des mittelalterlichen Castel Belfòrt. Bei der Enge der Rocchetta überqueren wir den Wildbach Noce auf einer Brücke und schlagen die Staatsstraße ein, die auf der östlichen Talseite des Valle di Non bergauf führt.

Gastronomie und heimische Produkte

Die besondere geographische Lage, die relativ hohe durchschnittliche Lage und das raue Klima schränken die Agrarproduktion der Paganellagegend beträchtlich ein, deren Zonen sich in erster Linie für den Anbau typischer Gemüsesorten der Berggebiete eignen, wie etwa Kartoffeln, Rüben und Kopfkohl, aus dem das charakteristische *Sauerkraut* zubereitet wird.

Stark verbreitet war einst der Anbau von Saubohnen und auch von Mohn, der derzeit bei der *Broa* verwendet wird: einem typischen Gericht der Gegend von Andalo, das sich aus bitteren Wurzeln,

den sogenannten *Pestenaghe*, Mohn und Rüben zusammensetzt.

Eine charakteristische Speise der Hochebene ist *Polenta e limozi*: Schnecken, die mit Butter, Knoblauch, Pfeffer, Semmelbröseln, Petersil und *Zettigole* (einem lokalen Kraut mit starkem Knoblauchgeschmack) zubereitet und mit Polenta serviert werden.

Die dichten Wälder der Hochebene sind reich an Pilzen, während im klaren, tiefen Wasser des Molvenosees Saiblinge, Regenbogenforellen und Sonnenbarsche in Hülle und Fülle vorkommen.

VALLE DI NON

Nach der Enge der Rocchetta und der Brücke über den Wildbach Noce fahren wir auf der Staatsstraße in nördlicher Richtung in das Valle di Non (Nonsberg), eines der faszinierendsten Täler des Trentino, das auch unter dem historischen Namen *Anaunia* bekannt ist.

Durch das Tal, das im nordwestlichen Teil der Provinz Trient liegt und einem grünen, sonnigen Hochland gleicht, fließt der Noce, ein Wildbach, der sich aus zwei getrennten Armen bildet, von denen einer in der Cevedalegruppe, der andere auf dem Corno dei Tre Signori entspringt. Der Noce erstreckt sich durch das Val di Peio, das Valle di Sole und das Valle di Non und mündet in der Nähe von Zambana in die Etsch. Das weite Gebiet wird im Norden durch die Maddalenegruppe vom Ultental (Val d'Ultimo) und im Osten durch die Alpi Anaunie vom Etschtal getrennt, während es im Süden die Paganellagruppe und im Südwesten die prachtvollen Gipfel der Brentadolomiten abgrenzen.

Es ist das weiteste und am dichtesten bevölkerte Trentiner Tal, wie auch eines der bemerkenswertesten im Hinblick auf die Vielfalt der Naturlandschaft, die Kultur, die Geschichte und die Kunst.

◀ *Val di Non, Apfelblüte*   *Cles und der Santa-Giustina-See*

Zwischen Burgen und Obstgärten

Die ausgedehnten Terrassen, durch die sich die Landschaft des Valle di Non auszeichnet, werden von üppigen Obstgärten beherrscht, denen das Tal zum Großteil seinen Reichtum und seine Bekanntheit verdankt. Dieses Agrarland ist im Frühjahr besonders malerisch, wenn sich die weiten Apfelplantagen in blühende Gärten verwandeln und durch

Castel Nanno

ihre Farbenpracht bestechen, deren Palette von Weiß bis Rosa reicht, wodurch sich ein starker Kontrast zum Grün der umliegenden Wiesen und Wälder ergibt. Die Naturlandschaft wird hie und da durch wuchtige, ehrwürdige Burgen unterbrochen, die auf Anhöhen oder Felsvorsprüngen thronen und die weiten Terrassen beherrschen.

Das Valle di Non gehört zu den Trentiner Gebieten mit der höchsten Anzahl an Burgen, von denen einige zu den bedeutendsten der Provinz zählen. Als stumme Zeugen der Ereignisse, die Jahrhunderte hindurch die Lokalgeschichte gekennzeichnet haben, sprechen diese Befestigungsanlagen von der strategischen Bedeutung des Gebietes, das den Durchzug zur Lombardei und nach Südtirol ermöglichte.

Unter den interessantesten Burgen ist das eindrucksvolle Castel Thun zu nennen, das sich auf der Spitze des Colle di Tos in der Nähe der Ortschaft Vigo di Ton erhebt. Inmitten von Obstgärten an einer sehr schönen Panoramastelle gelegen, ist es eines der mo-

numentalsten Feudalanlagen des Trentino. Es sticht der Adelspalast ins Auge, der von einem Verteidigungssystem umgeben ist, das sich aus zahlreichen Mauern und Türmen, Basteien und Gräben zusammensetzt. Im Inneren des Gebäudes sind mehrere fein dekorierte, durch antike Möbel gezierte Säle erhalten, unter denen die prachtvolle Stanza del vescovo (Bischofssaal) zu erwähnen ist. Derzeit gehört die Burg der Autonomen Provinz Trient und wird als Sitz des Museo provinciale d'arte (Landeskunstmuseum) genutzt.

Bei Taio erhebt sich - umgeben von dichtem Nadelwald und umringt von zinnengekrönten Mauern - Castel Braghér, eine mittelalterliche Burg, deren Innenräume durch antike Einrichtung und wertvolle Kunstsammlungen bestechen. Im oberen Teil von Còredo liegt der Palazzo Nero, ein eindrucksvolles, mit Zinnen bekränztes Gebäude aus dem 15. Jh., in dessen Sala del giudizio (Gerichtssaal) kostbare gotische Fresken verwahrt sind. Nicht weit von hier erhebt sich auf dem Gipfel eines Hügels mit wunderbarer Aussicht das alte Castel Còredo, das sich trotz der verschiedenen Veränderungen, die auf Plünderungen und auf einen Brand zurückzuführen sind, die das Gebäude schwer beschädigten, bis heute das Aussehen eines Adelspalais bewahren konnte.

Auf dem Gipfel eines Hügels unweit von Cles erhebt

sich in einer Lage mit sehr schöner Aussicht gegenüber dem Santa Giustina-See das majestätische Castel Cles mit dem Zentralgebäude, das von zwei massiven rechteckigen Türmen abgegrenzt wird und prächtige Säle mit Holzdecken aufweist, in denen sich wertvolle Fresken erhalten haben, die Fogolino zugeschrieben werden. In der Nähe von Tassullo liegt Castel Valér, dessen beeindruckender, etwa vierzig Meter hoher achteckiger Turm über den beiden getrennten Burgteilen Castello di sopra und Castello di sotto aufragt; im Inneren sind die wertvollen Madruzzo-Säle, der mittelalterliche Ulrich-Salon und die Fresken aus dem 15. Jh. der San Valerio-Kapelle (ein Werk der berühmten lombardischen Maler Baschenis) eine Besichtigung wert. Das Castel Nanno im Renaissancestil erhebt sich auf der Spitze eines Hügels inmitten von Obstgärten. Typisch für eine italienische Burganlage ist der quadratische Grundriss, der von zinnengekrönten Mauern mit vier massiven Eck-

türmen abgegrenzt wird. In der Nähe der kleinen Ortschaft Segonzone thront auf dem Gipfel einer mit Obstgärten bedeckten Anhöhe, umgeben von einer massiven Mauer, das mittelalterliche Castel Belási. Schließlich sind das umgebaute Castel Màlgolo mit viereckigem Grundriss und das Castello di Castelfondo zu erwähnen, das inmitten von dichtem Wald auf einem Felshügel in der Nähe der Ortschaft Castelfondo ruht.

Verstreut über das gesamte Val di Non liegen äußerst zahlreiche antike Burgen, die später in Bauerngehöfte oder Landhäuser verwandelt wurden, und die Ruinen alter Festungen, unter denen das antike Castello di Altguarda erwähnt sei, die höchste der Trentiner Burgen, die sich auf einer Höhe von über 1200 m an einer prachtvollen Panoramastelle auf einem grünen Hügel im Valle di Brésimo erhebt, wie auch die Ruine des Castel Belfòrt zwischen den Siedlungen Cavedago und Spormaggiore.

Castel Braghér

Das Gebiet zeichnet sich im unteren Teil durch eine Folge ausgedehnter, leicht gewellter Hochebenen aus, die mit sonnigen Hängen wechseln, über die sich Wiesen und Obstgärten ziehen. In höheren Zonen überwiegt hingegen eine typische Berglandschaft mit weiten Wäldern und Felsmassiven, in die raue Täler und tiefe Schluchten einschneiden.

Das Tal, das allein schon wegen der wunderbaren Naturkulisse faszinierend ist, wird durch die zahlreichen Zeugnisse der Kunst und Geschichte zusätzlich bereichert: Burgen, Adelspalais, Kirchen und historische Zentren tragen zum Zauber der über das gesamte Gebiet verteilten Ortschaften und Dörfer bei, als wachsame Hüter der Kultur, der Traditionen und der Religiosität einer Bevölkerung, die seit Jahrhunderten in diesem reizenden Winkel des Trentino lebt.

In der majestätischen Bergkulisse des Valle di Non sind die Hänge mit Dörfern und kleinen Ortschaften übersät, die mit ihren zahlreichen Weilern den Talgrund umrahmen. Das urbane Gefüge der Orte zeichnet sich im Allgemeinen durch typische Bauernhäuser und elegante Adelspalais und durch zahlreiche wertvolle Zeugnisse sakraler Kunst aus.

Nachdem wir die Enge der Rocchetta hinter uns gelassen haben und am linken Noceufer bergauf gefahren sind, wird das Tal breiter und panoramareicher und bietet einen faszinieren Ausblick auf die Orte am gegenüberliegenden Ufer. Wir fahren nun an der Abzweigung nach **Vigo di Ton**, das vom eindrucksvollen Castel Thun beherrscht wird, vorbei und weiter in Richtung Taio, wonach wir schon bald Segno erreichen, ein typisches Bauerndorf, das von üppigen Obstgärten umgeben ist. Der Ort ist vor allem als Geburtsort des Jesuitenpaters Eusebio Chini bekannt: ein berühmter Missionar, Forschungsreisender und Historiker, der im 17. Jh. die endlosen Weiten der Kalifornischen Halbinsel, Mexikos und Arizonas kartographisch erfasste. Zur Erinnerung an diesen außergewöhnlichen Geistlichen wurde auf dem Hauptplatz des Ortes ein bronzenes Reiterdenkmal errichtet. Das ihm gewidmete Museum enthält wertvolle *Murales*, die ein bekannter mexikanischer Künstler schuf.

Nach der kleinen Siedlung Segno erreichen wir **Taio**, eine auf einer weiten Geländeterrasse gelegene Ortschaft, die auf die tiefe Noceschlucht hinunterblickt. Taio ist ein wichtiges Obsterzeugungs- und Handwerkszentrum, das in erster Linie wegen der Produktion von Peitschengriffen bekannt ist, die nach uralter Tradition hergestellt werden. Den antiken Ortsteil mit Zügen aus dem 16. - 17. Jh. schmücken wertvolle Gebäude und Adelsresidenzen. Es beherrschen ihn die Pfarrkirche San Vittore mit ihrem prachtvollen Glockenturm aus dem 16. Jh. und die Kir-

Taio, Herstellung von Peitschengriffen

Sfruz, Kachelofen

che Madonna del Rosario aus dem 13. Jh., die im 16. Jh. erweitert wurde und ein schönes romanisches Portal und ein mit Schindeln gedecktes Steildach aufweist.

Von Taio fahren wir in Richtung des kleinen Dorfes **Tres** weiter und besichtigen auf dem Gipfel der Ortschaft Dos die Kirche Sant'Agnese, die zu Beginn des 14. Jh. erwähnt und im darauffolgenden Jahrhundert neugebaut wurde. Sie weist ein typisches, mit Schindeln gedecktes Satteldach und wertvolle Innenfresken auf, von denen einige von den Baschenis geschaffen wurden.

Nach Taio zurückgekehrt, fahren wir in Richtung Dermulo weiter und schlagen rechts die Straße ein, die nach **Còredo** führt. Diese Ortschaft liegt hingeschmiegt auf einer sanften, von dichten Nadelwäldern umgebenen Hochebene und wird von der gleichnamigen prachtvollen Burg beherrscht. Der obere Teil der Siedlung bietet nicht nur eine spektakuläre Aussicht auf die Brentadolomiten und die Kette der Maddalene, sondern zeichnet sich auch durch Jugendstilhäuser und durch den eleganten Palazzo Nero aus, während das historische Ortszentrum durch die Casa Marta, ein schönes Gebäude aus dem 16. Jh. in venezianischem Stil bereichert wird. Die Umgebung von Còredo bietet sich für geruhsame Spaziergänge zu den Seen von Còredo und Tavón an, während die nahen Ortschaften **Smarano** und **Sfruz** einen idealen Ausgangspunkt für schöne Ausflüge auf die Hochebene der Predaia (Altopiano della Predaia) bilden. In Smaragno befindet sich ein Volkskundemuseum, das verschiedene Stücke des lokalen Handwerks zeigt, wie auch Arbeitsgeräte der Bauern, Tischler, Steinmetze und Schmiede. Sfruz ist hingegen vor allem wegen der Herstellung wertvoller Kachelöfen berühmt, die von geschickten Handwerkern, den sogenannten *maestri fornelari* dekoriert wurden, die diese Kunst seit Generationen weitergeben. Von Sma-

rano können wir nach **Vervò** fahren und bei diesem charakteristischen Bergort eine Straße einschlagen, die an einer tiefen Schlucht entlang führt, bis wir zum Colle di San Martino gelangen, auf dem sich die gleichnamige Kirche mit ihrem wertvollen vergoldeten Barock-Holzaltar befindet. Anschließend besichtigen wir die Kapelle der Heiligen Fabiano und Sebastiano aus dem 15. Jh. mit ihrem schönen, mit Fresken verzierten Glockenturm, der ein großes Bild des Hl. Cristophorus zeigt.

Sobald wir wieder in Dermulo sind, schlagen wir die Straße zum oberen Valle die Non ein, wonach wir schon bald **Sanzeno**, eine der bezauberndsten Ortschaften des oberen Val di

Kirche erbaut, in deren Krypta die Reliquien der Märtyrer zutage getreten waren. Die im gotischen und Renaissancestil gebaute Kirche enthält wertvolle Innenfresken aus dem 12. Jh. Auf den bezaubernden, mit Porphyr gepflasterten Hauptplatz, den ein schöner Steinbrunnen ziert, blickt die Casa de Gentili, ein Haus aus dem 17. Jh., das Zweibogenfenster und schmiedeeiserne Gitter aufweist.

In der Mitte der Ortschaft befindet sich auch ein archäologisches Museum, das eine umfassende Dokumentation zu rätischen und römischen Funden umfasst, die in der Umgebung auftauchten. Längs der schmalen Straße, die das Valle di San Romedio bergauf führt, zeichnet sich inmitten einer natürlichen, rauen Schlucht ein wilder Felssporn ab, auf dem sich die majestätische Wallfahrtskirche San Romedio erhebt, die zu den ältesten Heiligtümern des Trentino und zu den malerischsten des gesamten Alpenraumes gehört. Die Wallfahrtskirche fällt durch ihre ungewöhnliche Anlage auf: Sie besteht aus einem Komplex von Gebäuden und Kapellen, die sich an den Felsen klammern und untereinander durch steile Treppen verbunden sind. Unter den verschiedenen Bauwerken sticht die durch ein prächtiges romanisches Portal geschmückte Kapelle San Romedio (Hl. Romedius) hervor, in der die Reliquie des Heiligen aufbewahrt wird. In der Nähe der Wallfahrtsstätte sind einige schöne Braunbärexemplare zu bewundern, die in einem Wildgehege leben.

Nach Sanzeno zurückgekehrt, erreichen wir, wenn wir auf der panoramareichen Straße in Richtung der Gemeinde Fondo weiterfahren, **Romeno**, einen bekannten Urlaubsort, den dichte Föhrenhaine und grüne Wiesen umrahmen und der durch elegante, freskenverzierte Häuser besticht. Unter den sakralen Gebäuden, die sich sowohl in der Mitte des Ortes, als auch in seiner

Non erreichen, die am Eingang zum Tal des Rio San Romedio liegt. Bei der Ortseinfahrt erhebt sich die majestätische Basilika und Wallfahrtskirche, die den Heiligen Sisinio, Martirio und Alessandro geweiht ist. Sie wurde im 15. Jh. an der Stelle einer ursprünglichen frühchristlichen

Sanzeno,
Wallfahrtskirche
des Hl. Romedius

Nähe erheben, sind die Pfarrkirche Assunta aus dem 18. Jh. mit ihrer Barockfassade, die prachtvolle kleine gotische Kirche Sant'Antonio Abate mit sakralen Außenfresken (15. Jh.) und einem schönen barocken Holzaltar im Inneren und die Kirche der Heiligen Tommaso und Bartolomeo, ein wertvolles romanisches Baudenkmal mit Gemälden aus dem 13. Jh. zu erwähnen. Alle zwei Jahre erstrahlt Romeno im Monat August beim Fest *Romeno imperiale* (kaiserliches Romeno) in altem Glanz. Die Veranstaltung, die sich an einen historischen Besuch des Kaisers von Österreich und Königs von Ungarn Franz Joseph anlehnt, zeigt Trachten von einst und bietet Speisen nach Rezepten der damaligen Zeit. Es werden auch anhand praktischer Darbietungen alte Handwerksberufe und Beschäftigungen vorgeführt, wie die *Monteson,* d.h. Heumahd, die Arbeit der *Ciaradori* (Holzfäller), die Baumstämme transportieren, und die *Smonticatura* (Almabtrieb).

Nach der Abzweigung, die zu den kleinen Ortschaften **Don** und **Amblàr** führt, erreichen wir in kurzer Zeit **Cavareno**, einen vielbesuchten Urlaubsort, der - umgeben von dichten Föhrenwäldern - auf einem grünen, sonnigen Hochplateau liegt. In der Nähe der Ortschaft sind interessante Beispiele sakraler Kunst zu bewundern, wie etwa die Pfarrkirche Santa Maria Maddalena, die im 19. Jh. erbaut wurde, oder die kleine Kirche der Heiligen Fabiano und Sebastiano aus dem 16. Jh., die einen wertvollen Freskenzyklus aus dem 15. Jh. und einen spätgotischen dreiteiligen Altaraufsatz zeigt. Alljährlich wird im August in Cavareno das Fest der Gemeindesatzungen (*Festa della charta di regola*) veranstaltet, das an die antiken Statuten erinnert, die der Fürstbischof von Trient der Lokalgemeinschaft zu Beginn des 17. Jh. gewährte. Die Veranstaltung umfasst eine Art Wettkampf zwischen den beiden Bezirken des Ortes, Vorführungen alter Handwerkstätigkeit in Lauben und Höfen, wobei etwa die Arbeit des Bauern, des Schmiedes, des Scherenschleifers, des Tischlers und des Korbflechters gezeigt wird, Umzüge in historischen Kostümen, Theatervorführungen und ku-

Fondo, der Canyon-Pfad

delpass, ein bekanntes Urlaubsgebiet, das sowohl für den Sommer- als auch den Winterurlaub einen starken Anziehungspunkt bildet und genau an der Grenze zur Provinz Bozen liegt. Vom Pass erschließt sich ein unglaubliches Panorama des Valle di Non, der Brentagruppe, des Adamello und der Presanella, des Ortler, des Cevedale, der Passaier Alpen, der Dolomiten des Fleimstales (Valle di Fiemme) und des Fassatales (Valle di Fassa).

Wenn wir auf die Straße zurückkehren, die in Richtung Fondo führt, erreichen wir bald **Sarnònico**, eine schöne Ortschaft inmitten weiter Wiesen. Im Ortszentrum dominiert die bereits im 12. Jh. urkundlich erwähnte gotische Kirche Santa Maria mit ihrem charakteristischen romanischen Glockenturm, der sich in die Fassade fügt. Wenig entfernt von hier erhebt sich in isolierter Stellung die Pfarrkirche San Lorenzo mit gotischem Aufbau. Das im 12. Jh. erstmals erwähnte und im 16. Jh. neugebaute Gotteshaus weist ein elegantes Barockportal, ein schönes Fresko aus dem 15. Jh., das den Hl. Christophorus darstellt, und einen wertvollen vergoldeten Holzaltar aus dem 17. Jh. auf.

Wenn wir dann auf der Hauptstraße an einer Abzweigung vorbeifahren, die nach **Malosco** führt - ein kleiner Ort, den die gleichnamige prachtvolle Burg überragt -, gelangen wir nach **Fondo**, dem Hauptort des oberen Valle di Non, der einen wichtigen Verkehrsknotenpunkt zwischen dem mittleren und unteren Valle di Non und zwischen dem Palade- und dem Mendelpass bildet.

Der Ort liegt auf einer grünen Hochebene in Terrassen angeordnet. Er ist wegen des außergewöhnlichen, einzigartigen Panoramas und der Naturlandschaft sowohl im Winter, als auch im Sommer ein beliebtes Urlaubsziel. Ein Spaziergang durch das historische Zentrum, das reich an Kunstjuwelen ist - erwähnt seien bloß die eleganten Adelsgebäude mit den schönen Fassaden, die Fresken aus dem 14., 15. und 16. Jh. zieren - ist zweifellos anzuraten. Unter den Sa-

linarische Angebote. Wir schlagen nun die Straße ein, die zum Mendelpass hinaufführt, und erreichen **Ronzone**, das auf einer sonnigen, panoramareichen Terrasse liegt, von der wir eine sehr schöne Aussicht auf das Valle di Non, die Paganella, die Brentadolomiten und die Alpi Anaunie genießen. Die Umgebung von Ronzone eignet sich für geruhsame Spaziergänge und Ausflüge auf den Forststraßen und Pfaden, die in die umliegenden Berge eindringen. Wir können aber auch nach **Ruffré** oder zu den Regole di Malosco, einer ausgedehnten Lichtung im Grün der Wälder wandern. Wenn wir auf der Straße weiterfahren, die einen dichten Föhren- und Lärchenwald quert, erreichen wir den Men-

kralbauten bestechen die neuklassischen Kirchen San Michele und San Martino, die gotische Kirche San Rocco aus der ersten Hälfte des 16. Jh. und die auf der Spitze des gleichnamigen Hügels gelegene Kirche Santa Lucia, die aus dem 14. Jh. stammt und wertvolle mittelalterliche Fresken enthält. Wegen der malerischen Umgebung ist die Route anzuraten, die das Ortszentrum mit dem Smeraldosee verbindet, wobei man sich zuerst durch eine Klamm, dann durch das sogenannte *Valle dei molini* (Mühlental) den Rio Sas entlang bewegt. Bekanntlich wurde im 15. Jh. der Ort von einer schweren Pestseuche heimgesucht, die nur sieben Familien überlebten. Zum Dank für die empfangene Gnade begaben sich diese auf einer Pilgerfahrt nach Santiago de Compostela und ließen auch das Freskenbild des Heiligen auf der Fassade einiger Gebäude aufmalen. Zur Erinnerung an die Begebenheit findet alljährlich im Juli die Veranstaltung *Sul cammino di Santiago* (Auf dem Weg nach Santiago) statt. An diesem Volksfest beteiligt sich der gesamte Ort mit Handwerksmärkten, musikalischen Darbietungen, Jongleuren und Zauberkünstlern, wie auch mit einer Theateraufführung. Ein Umzug führt abschließend zur Statue des Hl. Jakob über den malerischen Sentiero del canyon (Canyon-Weg) bis zum Smeraldosee.

Bei Fondo können wir die Straße einschlagen, die durch das obere Tal des Rio Novella zum Tret und zum Paladepass führt, oder auch in Richtung Revò weiter fahren und dann nach **Castelfondo** abbiegen. Dieser Ort ist nicht nur wegen seiner Burg bekannt: Es zieren ihn auch prachtvolle Landsitze und die Pfarrkirche San Nicolò, die im 16. Jh. in gotischem Stil erbaut wurde und wertvolle Fresken aus dem 17. Jh. enthält.

Wenn wir zur Hauptstraße zurückkehren, die auf dem Westhang des Rio Novella-Tales verläuft, und an **Brez**, **Cloz** und **Romallo** vorbeifahren, erreichen wir **Revò**, einen kleinen Ort, den schöne Gebäude und die Pfarrkirche Santo

Mendelpass, im Hintergrund der Kalterer See

Stefano schmücken. Dieses im 12. Jh. erwähnte, doch im 16. Jh. neugebaute Gotteshaus, das später Umbauten erfuhr, weist ein prachtvolles gotisches Portal und einen charakteristischen Glockenturm auf, der vom Rest des Gebäudes getrennt steht.

Wenn wir uns in Richtung der Ortschaft **Cagnò** weiter bewegen und ein kurzes Stück am Santa Giustinasee, dem größten Staubecken des Trentino, entlang fahren, erreichen wir **Cles**, den Hauptort des Valle di Non. Der auf einer Terrasse am Fuße des Monte Peller gelegene Ort, den die gleichnamige Burg überragt, ist alten Ursprungs, wie einige archäologische Funde zeigen, die in der Gegend zutage traten und im

Museo provinciale d'arte (Landeskunstmuseum) von Trient verwahrt werden. Das bekannteste dieser Fundstücke ist die *Tabula clesiana* mit einer wichtigen historischen Inschrift, einem Erlass, mit dem Kaiser Claudius im Jahr 46 n. Chr. den Bewohnern des Val di Non das römische Bürgerrecht gewährte. Die verschiedenen Bezirke des Ortes reihen sich um die *Piazza Granda*, zu der elegante Gebäude in gotischem und Renaissancestil blicken, und um die im 12. Jh. erwähnte und im 16. Jh. in gotischem Clesius-Stil neugebaute Pfarrkirche Assunta.

Von besonderer künstlerischer Bedeutung sind der Palazzo Assessorile aus dem 14. Jh. mit einem schönen gotischen Portal und wertvollen Fresken des Gerichtssaales (Sala del Giudizio), außerdem die sehr alte, bereits ab dem 12. Jh. erwähnte kleine Kirche San Vigilio mit ihrem charakteristischen, mit Schindeln gedeckten Satteldach, dem spitzen Glockenturm und im Inneren den kostbaren, vielleicht von den Baschenis stammenden Wandgemälden, und schließlich das Kloster der Franziskanerpater mit der Kirche Sant'Antonio aus dem 17. Jh.

Wenn wir von Cles über den Westhang des Valle di Non in Richtung der Talenge Rocchetta fahren, berühren wir zahlreiche Dörfer, die über die weiten, mit Obstgärten bedeckten Talgebiete verteilt sind und interessante Zeugnisse sakraler Kunst aufweisen. Nach der Ortschaft **Tassullo** mit der Pfarrkirche Assunta (16. Jh.) in gotischem und Renaissancestil und der Kirche San Vigilio, die in der zweiten Hälfte des 15. Jh. neugebaut wurde und wertvolle Fresken aus der Schule der Baschenis enthält, erreichen wir **Nanno**, eine der ältesten Ortschaften des Tales.

In der Wohnsiedlung, die vom wuchtigen Castel Nanno überragt wird, sticht die Pfarrkirche San Biagio aus dem 19. Jh. hervor, in deren Innerem interessante Werke moderner Kunst verwahrt

Castello di Castelfondo

Tóvel-See

sind. Wenn wir auf der Landesstraße weiterfahren und die Kirche der Heiligen Fabiano und Sebastiano mit ihren wertvollen historischen Fresken hinter uns lassen, erreichen wir **Tuenno**, einen schönen Ort, der sich in einer Senke zwischen Obstgärten ausbreitet. Hier erheben sich die Pfarrkirche Sant'Orsola, ein auffallendes Gebäude jüngerer Zeit, das mit der

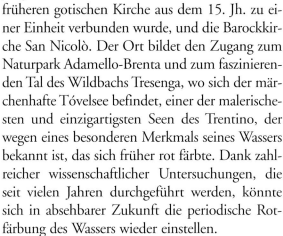

früheren gotischen Kirche aus dem 15. Jh. zu einer Einheit verbunden wurde, und die Barockkirche San Nicolò. Der Ort bildet den Zugang zum Naturpark Adamello-Brenta und zum faszinierenden Tal des Wildbachs Tresenga, wo sich der märchenhafte Tóvelsee befindet, einer der malerischsten und einzigartigsten Seen des Trentino, der wegen eines besonderen Merkmals seines Wassers bekannt ist, das sich früher rot färbte. Dank zahlreicher wissenschaftlicher Untersuchungen, die seit vielen Jahren durchgeführt werden, könnte sich in absehbarer Zukunft die periodische Rotfärbung des Wassers wieder einstellen.

In **Tèrres** angelangt, können wir auf den Colle di San Giorgio fahren und die antike gleichnamige Kirche besuchen, deren Anlage romanisch ist, die aber in gotischer Zeit verändert wurde. Wegen ihrer Fresken aus dem 15. Jh. aus der Schule der Baschenis gehört sie zu den wertvollsten Sakralbauten des Trentino. Wenn wir auf der Landesstraße weiterfahren, die das rechte Ufer des Wildbachs Noce entlang führt, erreichen wir zunächst **Flavón**. Diese Ortschaft wird von der Pfarrkirche Natività di San Giovanni Battista überragt, die bereits im 12. Jh. erwähnt und später im Stile des Clesius im 16. Jh.

neugebaut wurde. Sie zeichnet sich durch einen gotischen Kirchturm, ein schönes Renaissanceportal und einen wertvollen Freskenzyklus aus dem 15. Jh. aus, der von den Baschenis geschaffen wurde. Dann besuchen wir **Cunévo**, einen für den Obstanbau bedeutenden Ort, in dem die Kirche San Lorenzo - die im 16. Jh. in gotischem Stil neugebaut wurde und Fresken der Baschenis aus dem 15. Jh. enthält - einen Besuch wert ist.

Nach Cunévo erreichen wir **Denno**, eine große Ortschaft, die Juwele der Kunst verwahrt, wie die gotische Kirche der Heiligen Gervasio und Protasio, die im 16. Jh. über einer Anlage aus dem Mittelalter entstand und ein elegantes Renaissanceportal aufweist, und die mittelalterlichen kleinen Kirchen San Pietro und Sant'Agnese mit wertvollen Fresken.

Wenn wir Denno hinter uns lassen, erreichen wir **Campodenno**, einen Ort in bestechender Panoramalage, den die alte Pfarrkirche San Martino ziert. Über Campodenno liegt auf einem Felshügel die Kirche San Pancrazio, ein bezauberndes Sakralgebäude, in dem sich interessante Fresken aus dem 12. Jh. erhalten haben.

Wenn wir weiterfahren, erreichen wir schließ-

Rumo, Kirche Sant'Udalrico:
Detail aus dem Fresko
des letzten Abendmahls

Nach der kleinen Siedlung Preghéna fahren wir durch das Tal des Barnés, bis wir das Dorf Baselga di Brésimo erreichen, das sich aus typischen Berghäusern zusammensetzt. Besonders malerisch ist die antike Basilika und Wallfahrtskirche Madonna di Brésimo, die im Inneren einen schönen Holzaltar und einen wertvollen Freskenzyklus aus dem 16. Jh. aufweist. Außen ist hingegen auf der nach Süden blickenden Seite ein großes Freskenbild des Hl. Christophorus zu bewundern, das im späten 15. Jh. von Antonio Baschenis geschaffen wurde. Wenn wir im Valle di Brésimo weiter fahren, erreichen wir schließ-

lich das Tal des Wildbachs Sporeggio im südlichsten Teil des Valle di Non, mit den Orten **Sporminore** und **Spormaggiore**. In Sporminore ist die Kirche Addolorata sehenswert, während in Spormaggiore neben einer reizvollen Ortsmitte, die Adelsresidenzen schmücken, die Kirche Natività di Maria Vergine aus dem 19. Jh. zu bewundern ist, wie auch die alte Pfarrkirche San Luigi, an die ein schöner romanischer Glockenturm anschließt.

Folgen wir dem Noce in umgekehrter Richtung, so können wir von Cles aus die Straße in Richtung Cagnò einschlagen und uns nordwärts halten, bis wir zur Hochebene Mezzalone (Altopiano del Mezzalone) und zur Ortschaft **Livo** gelangen.

Von hier geht es weiter zu den Tälern Rumo und Brésimo, zwei bezaubernden Naturoasen, die sich durch weite Weiden, bunte, blühende Wiesen und dichte Wälder auszeichnen und einen idealen Ausgangspunkt für Ausflüge in die Maddalenegruppe bilden.

lich die Siedlung Bagni, einen bekannten Thermalort, der reich an Mineralquellen ist. Nach Preghéna zurückgekehrt, können wir die Straße einschlagen, die durch üppige Obstgärten das Valle di Rumo hinaufführt: ein unberührtes Bergtal, durch das der Wildbach Lavazè fließt.

Die Gemeinde **Rumo**, die zahlreiche Siedlungen umfasst, untergliedert sich in Ville di sopra und Ville di sotto. Dieser letzte Ortsteil wird von der schönen kleinen Kirche Sant'Uldarico beherrscht, die sich auf dem gleichnamigen Hügel erhebt - ein wahres Kleinod sakraler Kunst, das höchst wertvolle, im späten 15. Jh. geschaffene Fresken enthält, unter denen das Letzte Abendmahl zu erwähnen ist, das von der Hand der Baschenis stammt.

Wenn wir uns talwärts bewegen, erreichen wir erneut die Staatsstraße, die am linken Ufer des Noce verläuft, wonach wir an der Abzweigung vorbeifahren, die zum kleinen Wohnort **Cis** führt, und in das Gebiet des Valle di Sole (Sulzberg) eindringen.

Gastronomie und heimische Produkte

Die traditionelle Küche des Valle di Non bietet schmackhafte, erlesene Speisen aus einfachen, naturreinen Zutaten - den Produkten eines Bodens, der seit Generationen bebaut wird.

Zu den bekannten Spezialitäten gehören die *Gnoci de Rufré*, kleine Klöße mit Spinat und Mangold, gewürzt mit Knoblauch und Öl, die *Ruffioi*, kleine Klöße mit Zuckerrüben, die mit Speck und geriebenem Käse bestreut werden, der *Patàm da sauter*, ein Pfannengericht aus Kartoffeln, die mit *Lugànega* (Wurst)

und Zwiebeln in Schmalz geröstet werden, und schließlich die wohlschmeckende *Polenta mora* (dunkle Polenta) aus Buchweizenmehl.

Die wichtigsten Produkte des Obstbaus sind im Valle di Non sicher die zahlreichen Sorten von Äpfeln, die bereits weltweit unter dem Markenzeichen Melinda bekannt sind. Dazu gehören die süßen und wohlschmeckenden *Golden Delicious,* die *Granny Smith* und die aromatischen, leicht säuerlichen *Renetten*, die sich vor allem für die Zubereitung des *Strudels* und der *Torta de pomi* (Apfelkuchen) eignen.

Im November findet in Sanzeno jährlich das traditionelle *Melandiafest* statt, das dem lokalen Obstbau gewidmet ist und musikalische, folkloristische und kulinarische Veranstaltungen umfasst. Berühmt ist auch die Produktion von Käse, wobei sich der ausgezeichnete Trentiner Grana hervortut, und von Wurstwaren, unter denen die *Mortandèla affumicata,* eine aus Schweinefleisch hergestellte, beliebte geräucherte Wurst zu erwähnen ist.

Bei der Weinproduktion ist zweifellos der *Gropel* zu empfehlen, ein typischer Rotwein der Ortschaften Revò und Cagnò.

Zu den gastronomischen Ereignissen gehören *Gli antichi sapori della Valle di Non,* eine Ausstellung von Speisen und Weinen des Valle di Non, die in Zusammenarbeit mit einigen Restaurantbetrieben der Gegend veranstaltet wird und die Möglichkeit bietet, zahlreiche Gerichte zu kosten, die nach alten lokalen Rezepten zubereitet werden, und die *Cosina nonesa en ti so masi de Fon,* eine Reihe gastronomischer Pfade, die durch die alten Keller, Säulengänge und Höfe der Ortsmitte von Fondo führen.

Heimische Gerichte

VALLE DI SOLE

Nach der Brücke von Mostizzolo dringen wir in das Valle di Sole (Sulzberg) ein, eines der bezauberndsten Täler des Trentino, das in einem entfernten Winkel der Provinz liegt. Es erstreckt sich im nordwestlichen Teil des Landesgebietes zwischen der Klamm von Mostizzolo und dem Tonalepass, längs des oberen und mittleren Laufs des Noce.

Das Tal wird im Norden und Westen von der Cevedalegruppe, im Süden von der Presanella und den nördlichsten Ausläufern der Brentado-

lomiten und im Osten von der Maddalenekette abgegrenzt.

Die äußerst faszinierenden Landschaftsbilder des Valle di Sole zeichnen sich durch weite, unberührte Landstriche aus, deren ursprünglicher Zauber noch erhalten geblieben ist und deren malerische Panoramen sich am Horizont verlieren. Unter den Besonderheiten, die das Tal zu einem der größten touristischen Anziehungspunkte des gesamten Alpenraumes machen, gehören die außergewöhnliche Schönheit und die Vielfalt der Naturlandschaften.

Die eindrucksvollen, von ewigem Eis gekrönten Felsen wechseln mit der wunderbaren alpinen Landschaft der wildromantischen Seitentä-

◀ *Unteres Valle di Sole*

Oberes Valle di Sole

Der Nationalpark Stilfserjoch

Ein Großteil des Gebietes des Valle di Sole gehört zu den beiden Naturparks Adamello-Brenta und Stilfserjoch. Der erste bedeckt die südliche Talzone, während sich der zweite, der bereits 1935 gegründet wurde, im nördlicheren Teil über eine insgesamt rund 1350 km² große Fläche erstreckt und die Provinzen Bozen (Vinschgau/Val Venosta), Trient (Valle di Sole) und die Region Lombardei (Valtellina und Valcamonica) berührt. Bereits seit 1977 ist der Stilfserjochpark mit dem Schweizerischen Nationalpark des Engadin verbunden, mit dem zusammen er das größte geschützte Gebiet der Alpen und einen der ausgedehntesten Naturparks Europas bildet.

Der Trentiner Abschnitt erstreckt sich im südöstlichen Teil des Ortler-Cevedale-Massivs über eine Fläche von ca. 193 km² und umfasst die höheren Täler Peio und Rabbi und andere wildromantische kleine Seitentäler, wie das Val del Monte, Val de la Mare, Val di Cércena und Val di Saènt.

Wegen der unglaublichen Vielfalt der Landschaftsbilder ist dieser bezaubernde Winkel der Bergwelt von unermesslichem naturalistischem Wert. Zu bewundern sind hier Gletscher und eindrucksvolle Gipfel, die seit jeher die Alpinisten aller Welt begeistern, Felswände, aus deren Rissen frisches Wasser sprudelt, und Bäche, die spektakuläre Wasserfälle bilden, wie die Cascate del Saènt im Val di Rabbi oder die

Cascata dei Cadini im Val Taviela. Dann sind die zahllosen kleinen Bergseen zu nennen, darunter der Sternaisee, der Stausee Pian Palù, die Laghetti Lagostiel im Val del Monte, der Stausee Caresé im Val de la Mare, die malerischen Seen Lago Marmotta, Lago Lungo, Lago Nero, Lago Covel, ein prachtvolles Biotop im Val di Peio und der Lago Corvo im Val di Rabbi. Ein Bild der Ruhe bieten die ausgedehnten Weiden, über die rustikale Almhütten und - in größerer Höhe - Schutzhäuser verstreut liegen.

Zum Wert dieser außergewöhnlichen Landschaft trägt auch das Vorliegen seltener geschützter Pflanzenarten und ein großer Tierreichtum bei. Im Parkinneren liegen drei Besucherzentren: Das erste, das in Cógolo seinen Sitz hat, erläutert die Geschichte des geschützten Gebietes und die derzeitige Verwaltung in administrativer Hinsicht; das zweite, das sich in der Ortschaft Fonti di Rabbi befindet, vertieft hingegen die Aspekte der Volkskunde, Fauna und Geologie des Parks, was mit Hilfe von Lehrveranstaltungen geschieht; das dritte in der Ortschaft Stablét im Val Saènt ist dem Murmeltier und der "Scalinata dei larici monumentali" (Treppenweg der monumentalen Lärchen), einem charakteristischen Pfad gewidmet, den diese majestätischen Bäume säumen.

Val di Rabbi,
Saént-Wasserfall

ler Peio und Rabbi und mit dem lieblichen, sonnigen Talgrund ab, der sich durch ausgedehnte Obstgärten auszeichnet, in die sich charakteristische Wohnsiedlungen fügen.

Das Tal erscheint wie ein kleines grünes Paradies, in dem die Natur in all ihrer Schönheit dominiert und durch die unermesslichen ökologischen Schätze und den Pflanzen- und Tierreichtum der zwei großen Naturparks Adamello-Brenta und Stilfserjoch einen vorrangigen Platz einnimmt.

Unter allen Trentiner Bergtälern ist vielleicht das Valle di Sole das außergewöhnlichste. Die gewaltigen Berge und prachtvollen Naturmonumente, die die bezaubernde Landschaft kennzeichnen, ziehen Alpinisten und Tourengeher an. Das Gebiet des Stilfserjochparks bildet einen optimalen Ausgangspunkt für verschiedene Wanderungen auf zahllosen markierten Wegen und Pfaden, die sich durch interessante geschichtliche und naturkundliche Aspekte auszeichnen. Als Beispiel sei der Friedenspfad (Sentiero della Pace) genannt, eine Route, die über die sogenannte "Eisfront" verläuft und es dem Wanderer ermöglicht, die Reste von Schützengräben, Stollen und Militärstellungen zu besichtigen, die aus dem Ersten Weltkrieg stammen. Der Talgrund bietet sich hingegen für entspannende, leichte Spaziergänge oder für Mountainbikeausflüge auf den Radwegen an, die über Weiden, durch Föhrenhaine und über weite Wiesen führen und fast unentwegt dem Noceufer folgen.

Das schäumende, ungestüme Wasser dieses Wildbachs ist ein wahres Paradies für die Anhänger des extremen Wassersports, weshalb hier regelmäßig Wettbewerbe von internationalem Ruf abgehalten werden. Die Schneepisten auf dem Presenagletscher ermöglichen den Sommerskilauf, während im Winter die Skikarusselle der Areale Folgàrida-Marilleva, Peio, Tonale und Vermiglio locken.

Die bezaubernde Naturszenerie verschmilzt harmonisch mit der faszinierenden historischen und kulturellen Landschaft, die in erster Linie aus den zahlreichen, überall vorzufindenden Zeugnissen sakraler und profaner Kunst gebildet wird.

Trotz der starken Fremdenverkehrsentwicklung der letzten dreißig Jahre ist das Valle di Sole noch fest mit seiner Vergangenheit verbunden. Die lokalen Gemeinschaften hüten sorgsam ihre überlieferten Werte und Traditionen, die ursprünglich in der Land-, Forst- und Weidewirtschaft fußten und später durch den Bergbau und das Kunsthandwerk bereichert wurden.

Fahren wir auf der Straße, die zum Tonalepass führt, weiter, berühren wir die kleinen Orte Bozzana und Bordiana und erreichen **Caldés**, ein wichtiges Obstbauzentrum, in dem der romanische Glockenturm der alten, nun aufgelassenen Kirche aufragt.

Unweit davon liegt die gotische Kirche San Rocco, an die ein hoher Glockenturm anschließt. Beim Ortseingang erhebt sich das

Kajakfahren auf dem Noce

Castel Caldés

strenge, wuchtige Castel Caldés als prachtvolles Beispiel einer alpinen Befestigungsanlage. Den ältesten Teil dieser Burg, deren Entstehung weit zurückliegt, bildet ein eindrucksvoller, von massiven Strebemauern gestützter Turm. Neben der Anlage erhebt sich eine kleine Kapelle in gotischem Stil, ein wahres Juwel sakraler Kunst. Im Laufe des Sommers erwacht das alte Castello durch Wanderausstellungen, verschiedene Veranstaltungen folkloristischer Art und hochstehende kulturelle Darbietungen zum Leben.

Auf der gegenüberliegenden Talseite sehen wir, wenn wir den Blick über die Hänge des Monte Vesa schweifen lassen, auf einer Anhöhe über der gleichnamigen Ortschaft, umgeben von üppigen Ostgärten, den Hauptturm der antiken Rocca di Samoclevo, den ghibellinische Zinnen

krönen. Wenn wir die Ortschaft Samoclevo hinter uns lassen und uns auf der Staatsstraße halten, die am linken Noceufer verläuft, erreichen wir **Terzolàs**, ein kleines Bauerndorf, das auf dem Südhang des Monte Lac liegt.

Terzolàs ist eine charakteristische Siedlung des Valle di Sole, deren Zentrum und alte Gassen durch Herrschaftsgebäude aus dem 16. Jh. und die schöne, im 13. Jh. urkundlich erwähnte Kirche San Nicolò bereichert werden, die im Laufe des 19. Jh. einen Umbau in spätbarockem Stil erfuhr.

In der Nähe von Terzolàs können wir die Landesstraße einschlagen, die in die magische, unberührte Welt des Val di **Rabbi** vordringt, in eines der bezauberndsten Berggebiete des gesamten Trentino.

Das Tal wird in seiner ganzen Länge vom Wildbach Rabbiés durchflossen, seine zum Talgrund hin abfallenden Hänge sind übersät mit kleinen

Siedlungen. Auf den grünen Weiden erkennen wir kleine Berghütten, Sennereien und charakteristische Berghöfe in typisch alpinem Baustil, der mit der Umgebung eine harmonische Verbindung eingeht.

Der am dichtesten besiedelte Ort San Bernardo, das administrative Zentrum des Tales, ist von kleinen Berghöfen und winzigen Siedlungen umgeben, deren Bezeichnungen sich von den Familiennamen der Bewohner und den traditionellen, in diesem Gebiet ausgeübten Tätigkeiten ableiten. Seit Ende des 17. Jh. ist das Val di Rabbi wegen der wohltuenden Eigenschaften seines Thermalwassers berühmt. Seinen höchsten Bekanntheitsgrad erreichte es gegen Ende des 19. Jh., als die Mitglieder der Habsburger Kaiserfamilie häufig hier weilten. In der Siedlung Bagni di Rabbi, der renommierten Thermenanlage, sprudelt eine Quelle von eisenhaltigem, an Kohlensäure reichem Wasser, die sogenannte "Alte Quelle" (Antica Fonte). Von Bagni di Rabbi führt uns ein erholsamer Ausflug zum kleinen Dorf Somrabbi, der höchsten Ansiedlung des Tales, wo wir die Räume des interessanten Museo delle Tradizioni Casearie (Sennerei-Museum) besichtigen können. In dieser antiken Molkerei sind die typischen Geräte ausgestellt, die einst zur

Erzeugung von Milchprodukten verwendet wurden.

Wenn wir ins Tal zurückkehren und uns auf der Staatsstraße halten, die vom Talzugang des Val di Rabbi parallel zum Noce verläuft, erreichen wir schon bald den bekannten Fremdenverkehrsort **Malé**, das Verwaltungs- und Handelszentrum des Valle di Sole.

Die Ortschaft schmiegt sich in einen sonnigen, von Wäldern und grünen Wiesen umgebenen Talkessel und zeichnet sich durch eine auffallende Bauweise aus.

Die neuen Gebäude in modernem Stil gesellen sich zu den typischen, traditionellen Berghäusern, die gemeinsam mit der Eleganz der anti-

Val di Rabbi

Malé, Heimatkundemuseum des Val di Sole

Malé, Kirche Santa Maria Assunta

ken Bürgerbauten dem Städtchen einen adeligen Anstrich verleihen. Auf dem Hauptplatz des Ortes erhebt sich neben der Kapelle San Valentino die monumentale Kirche Santa Maria Assunta, während auf den kleinen Plätzen und in den engen Gassen, die in das Ortsinnere führen, zahlreiche Herrschaftshäuser mit wertvollen Fresken und Dekorationen zu sehen sind. In der Nähe der Kirche liegt das Museo della Civiltà Solandra (Heimatkundemuseum des Valle di Sole), in dem die wertvollen Zeugnisse der alten lokalen Sitten, Gebräuche und Traditionen verwahrt werden.

Eine Reihe genauer Nachbildungen belegen die landwirtschaftliche Arbeit, die Käseerzeugung, die Handwerkstätigkeit und alte Berufe, die die Talbewohner einst ausübten.

Als Beispiel seien nur die *Raseghìni* und *Parolòti,* die geschickten Kupferhandwerker und er-

fahrenen Holzschnitzer genannt, von deren Arbeit die wertvollen Holzaltäre zeugen, die in den zahlreichen, über das ganze Tal verstreuten Sakralbauten vorzufinden sind.

Nach Malé dringen wir in die ländliche Umgebung des kleinen Ortes **Croviana** ein. Diese Siedlung wird durch antike Gebäude und durch den Glockenturm mit pyramidenförmigem Dach der Pfarrkirche San Giorgio geziert, deren Fassade ein wertvolles Freskenbild (17. Jh.) des Kirchenpatrons trägt. Erwähnenswert ist auch das Castello dei Pezzén aus dem 17. Jh. Kurz nach Croviana erreichen wir **Monclassico**, einen Ort an der Staatsstraße zur Linken des Noce. Ihn überragt von der Höhe eines grünen Hügels aus die Kirche San Vigilio, die im 13. Jh. urkundlich erwähnt und im 18. Jh. barock umgestaltet wurde.

Nachdem wir an einer Abzweigung vorbeigefahren sind, die nach Pressón führt - ein kleines Dorf mit dem alten Kirchlein Madonna di Loreto -, zeichnet sich **Dimaro** ab. Diese Ortschaft liegt in der Nähe der Stelle, an der das Val Meledrio in das Valle di Sole einmündet, am Fuße der majestätischen Brentadolomiten. Dimaro, eine der ältesten Ansiedlungen des Tales, ist ein bekannter Urlaubsort, der in jeder Jahreszeit zahlreiche Touristen lockt, die von der landschaftlichen Schönheit der lokalen Bergwelt angezogen werden.

Trotz der intensiven touristischen Entwicklung, die seit Ende der Sechzigerjahre zu verzeichnen war, haben sich der Ort und seine unmittelbare Umgebung das typisch bäuerliche Aussehen von einst bewahrt, das durch den traditionellen, für das Valle di Sole charakteristischen Baustil mancher Häuser und durch die Tränken betont wird, die Schindel-Abdeckungen aufweisen.

Die kleinen Plätze und Gassen werden durch hübsche Brunnen und steinerne Waschbecken, wie auch durch rustikale Adelsansitze und elegante historische Bauten geziert. Es mangelt auch nicht an wertvollen Zeugnissen sakraler

Kunst: In der Kirche San Lorenzo aus dem 15. Jh. haben sich ein schöner Freskenzyklus, den die Baschenis Ende des 15. Jh. schufen, und ein wertvoller vergoldeter Holzaltar im Barockstil erhalten.

Wenn wir auf die Staatsstraße zurückkehren und in Richtung Tonalepass weiterfahren, dringen wir in das Gebiet der **Commezzadura** ein. Diese Gemeinde setzt sich aus charakteristischen Dörfern und kleinen Siedlungen zusammen, die beiderseits des Noce verstreut liegen. Sie zeichnen sich durch traditionelle rustikale Bauwerke aus Stein und Holz, deren Fassaden hübsche Balkone zieren, und durch die eleganten Herrschaftsgebäude aus dem 17. Jh. aus.

Zwischen den Siedlungen Mestriago und Piano erhebt sich die antike kleine Kirche Sant'Agata, die durch eine eigenwillige Bauweise auffällt: Ins Auge stechen der mit Schindeln gedeckte spitze Glockenturm, der vom Hauptgebäude getrennt steht, das an die Wand gemalte Bild des Hl. Christophorus und die Fresken der Apsis, die die Baschenis gegen Ende des 15. Jh. schufen.

Nach der Siedlung Piano erreichen wir **Mezzana**, eine Ortschaft, die im mittleren Valle di Sole liegt und von zwei sakralen Bauten beherrscht wird: von der Kirche Madonna dell'Aiuto oder Caravaggio-Kirche, die barocke-klassizistische Formen zeigt, und von der gotischen Pfarrkirche der Heiligen Pietro und Paolo aus dem 16. Jh., eines der ältesten Gotteshäuser des Tales. Die historische Ortsmitte weist steile Straßen auf, die von antiken Herrschaftsgebäuden gesäumt werden.

Wir fahren nun einige Kilometer über den Südhang des Tales bergauf und erreichen Marilleva 900 und Marilleva 1400, zwei modern ausgestattete Fremdenverkehrsorte, die sich aus großen Hotels, zahlreichen Sporteinrichtungen und Geschäftszentren zusammensetzen.

Die beiden Orte sind ein beliebtes Urlaubsziel - vor allem in der Wintersaison, da sie mit den Skigebieten von Folgàrida und Madonna di

Der Cevedale

Wenn wir weiterfahren, erreichen wir schließlich Cusiano, eine kleine Siedlung am Fuße des Monte Salàr in der Nähe der Stelle, an welcher der Wildbach Vermigliana in den Noce mündet. Die kleine, im 14. Jh. urkundlich erwähnte Kirche Santa Maria Maddalena wurde im 15. Jh. neugebaut und im Jh. darauf restauriert. Sie enthält wertvolle, von der berühmten Familie der Baschenis geschaffene Innenfresken und ist zweifellos einen Besuch wert. Kurz nach Cusiano gelangen wir über eine Abzweigung in die liebliche Berglandschaft des Val di Peio, einer kleinen ökologischen Insel, die sich durch steile Hänge und weite Wiesen und Wälder auszeichnet. Häusergruppen und kleine Ortschaften sammeln sich - hingeschmiegt im Bereich des Talgrunds oder an die Berghänge geklammert - um wertvolle religiöse Bauten. Interessante Beispiele sakraler Kunst sind in Celledizzo die im 14. Jh. urkundlich erwähnte Pfarrkirche der Heiligen Fabiano und Sebastiano, an welche die antike kleine Kirche Sant'Antonio anschließt, in Cógolo die einstige Pfarrkirche der Heiligen Filippo und Giacomo aus dem 14. Jh. und in der Nähe von Comàsine die kleine Kirche Santa Lucia.

Peio, der größte Ort des gleichnamigen Tales und der höchstgelegene des gesamten Trentino, erstreckt sich auf dem sonnigen Hang des Monte Vioz auf der Nordseite des Val del Monte. Das Tal zeichnet sich durch eine prachtvolle Landschaft und eine außergewöhnliche Bergwelt aus und ist vor allem wegen des Thermalwassers von Peio Terme bekannt, eines kleinen

Campiglio verbunden sind. Wenn wir der Staatsstraße weiter bergauf folgen, weitet sich das Tal und wir stoßen auf **Pellizzano**, einen kleinen Ort, der zwischen Wiesen eingebettet liegt und von der Kirche Natività di Maria Vergine beherrscht wird, einem Sakralgebäude in gotischem und Renaissancestil, das innen und außen wertvolle Fresken aus dem 15. und 16. Jh. aufweist.
Bei der Wohnsiedlung können wir einen malerischen Weg einschlagen, der zum prachtvollen Capriolisee führt, und von hier aus bezaubernde Touren über die nordöstlichen Hänge der Presanellagruppe unternehmen.

Cógolo, Kirche der Heiligen Filippo und Giacomo

Val di Peio, typische Berghöfe

Ortes, der seit Mitte des 16. Jh. wegen der Heilwirkung seines bikarbonat- und eisenhaltigen Wassers bekannt ist, das aus der "Antica Fonte" quillt, wie auch wegen des mineralhaltigen Wassers der "Fonte Alpina", das derzeit in der Niederlassung von Cógolo in Flaschen abgefüllt wird. Peio ist ein bezaubernder Ort mit charakteristischen Berghöfen und steilen schmalen Straßen. Es beherrscht ihn die im 13. Jh. urkundlich erwähnte, im 15. Jh. neugebaute und in der Barockzeit erweiterte Pfarrkirche San Giorgio, die ein großes Freskenbild des Hl. Christophorus und andere sakrale Abbildungen zieren.

Ausgehend von Peio können wir geruhsame Spaziergänge, doch auch schwierigere Touren

Ossana, Castel San Michele

Val di Peio ▶

dern auch durch das Vorliegen bedeutender historischer Zeugnisse aus der Zeit des Ersten Weltkriegs.

Damals war das gesamte Gebiet Schauplatz blutiger Kämpfe, die an der österreichischen Front zur Verteidigung des Talzugangs zum Valle di Sole ausgetragen wurden. Von diesen denkwürdigen Kriegsereignissen sind noch verschiedene Zeichen erhalten, wie das Museo della Guerra bianca (Museum des Bergkrieges) von **Vermiglio**, in dem zahlreiche Fundstücke zu sehen sind, die in der Nähe des Passes zutage traten, die Ruinen der k.u.k.-Festungswerke von Velón und - weiter bergwärts - von Pozzi alti, die beide am Südhang des Val Vermiglio am Fuß der Presanella liegen.

Im Val di Strino befinden sich das Festungs-Museum Forte Strino - von dem die Innenräume, Stollen, Stellungen und Gräben besichtigt werden können und das Funde und Fotografien zeigt -, das Werk Mèro und das Werk Zaccarana. Zu erwähnen sind schließlich das am Tonalepass liegende große Monument Ossario dei Caduti (Gebeinhaus der Gefallenen) des Ersten Weltkriegs, die sich in der Nähe erhebende kleine Kirche San Bartolomeo und das alte Hospiz aus dem 12. Jh.

Wir fahren nun vom Tonalepass in umgekehrter Richtung durch das Val Vermiglio und durch das Valle di Sole bis zur Höhe der Ortschaft Dimaro, schlagen dann die Straße ein, die das Val Meledrio in Richtung Folgàrida hinaufführt, und erreichen schließlich das Gebiet des Val Rendena.

auf die Gipfel des Cevedale, Palón de la Màre, Vioz und San Matteo unternehmen. Wenn wir wieder talwärts bis Cusiano fahren, erreichen wir bald **Ossana**, den Hauptort des oberen Valle di Sole. Es beherrscht ihn ein mächtiger Hauptturm, den zwei Mauergürtel der gleichnamigen Burg schützen, die auch unter dem Namen Castel San Michele bekannt ist. Im höheren Teil der Ortschaft liegt die sehenswerte Kirche San Vigilio, eine der ältesten des Tales, die bereits ab dem 12. Jh. urkundlich erwähnt, im 15. und 16. Jh. neugebaut und schließlich im 18. Jh. restauriert wurde. In ihrem Pfarrhaus sind interessante historische Urkunden verwahrt. Nach dem Ort Fucine fahren wir das Val Vermiglio bis zum Tonalepass aufwärt, der das Trentino mit der Lombardei verbindet.

Der Tonale ist als Urlaubsgegend berühmt, in der sowohl im Winter, als auch im Sommer Skifahrt betrieben wird. Er erstreckt sich am Fuße des Presanellagletschers und zeichnet sich nicht nur wegen seiner landschaftlichen Schönheit und naturalistischen Merkmale aus, son-

Gastronomie und heimische Produkte

Die heimischen Speisen des Valle di Sole sind zwar einfach, doch sehr schmackhaft. Sie werden nach alten Rezepten zubereitet, die sorgsam gehütet und seit Generationen weitergegeben werden.

Unter den charakteristischen Gerichten seien die *Gnocchi di coméde* genannt, Klößchen mit zarter Hundszunge (ein Borretschgewächs), die *Capelàzzi*, mit Topfen gefüllte Ravioli, die mit zerlassener Butter und Trentiner Granakäse serviert werden, die *Mònchi*, Klöße aus Polenta- oder Buchweizenmehl, die mit geriebenem Käse bestreut werden und mit Salbei-Butter auf den Tisch kommen, die *Krapfen alla Solandra* mit einer Fülle aus Kartoffeln und Porree, abgerundet mit Trentiner Granakäse und zerlassener Butter, der *Tortèl de patate*, eine heimische Speise des Val di Rabbi, die aus einem Teig aus geriebenen Kartoffeln, Mehl und Salz zubereitet wird, und die *Biscoti de poìna*, Scheiben von Räuchertopfen, die auf der Kochplatte geröstet werden. Unter den Mehlspeisen ist der ausgezeichnete *Smorn* (Schmarren) zu nennen, eine Art Omelette, die mit Mehl und Eiern zubereitet, zerkleinert und mit Zucker bestreut wird.

Das Valle di Sole ist besonders wegen der Qualität und Naturbelassenheit seiner Käseprodukte bekannt, die in den zahlreichen Sennereien der höher gelegenen Zonen und in den Molkereien des Talgrundes erzeugt werden. Der bekannteste Käse des Valle di Sole ist der weiche *Casolèt*, der sehr gut zu verschiedenen Obstsorten passt. Unter den Wurstwaren sind die beliebten *Luganighe* und der wohlschmeckende *Osocòl* zu erwähnen. Gourmets sollten sich an der Veranstaltung *Incontri a tavola con la cucina solandra* beteiligen, einem kulinarischen Ereignis, das Ende August/Anfang September die besten Restaurants des Tales vereint, die darin wetteifern, verlockende Speisefolgen heimischer Spezialitäten zusammenzustellen.

VAL RENDENA

Vom Valle di Sole kommend fahren wir durch das Val Meledrio und weiter bis zum Campo Carlo Magno-Pass, dann durch das Valle di Campiglio talwärts, wonach wir schließlich in das Val Rendena eindringen. Wir befinden uns nun im Gebiet der westlichen Dolomiten, in einer Landschaft von starker Anziehungskraft und ungeheurem naturalistischen Reiz, die zu jeder Jahreszeit nur darauf wartet, von uns entdeckt zu werden.

Das Val Rendena, das im westlichen Trentino inmitten des Naturparks Adamello-Brenta liegt und das im Osten die majestätischen Gipfel der Brentadolomiten und im Westen die Gruppen des Adamello und der Presanella abgrenzen, erstreckt sich vom Campo Carlo Magno-Pass bis zur Busa di Tione, wobei es dem Oberlauf des Sarcaflusses folgt. Das Tal liegt eingebettet in eine faszinierende Berglandschaft, in der die ewigen Gletscher der Alpen abwechseln mit den zerklüfteten Felswänden der Dolomiten, die talwärts abfallen, um schließlich Wiesen und Wäldern und den unberührten kleinen Seitentälern zu weichen. Die zahllosen Wildbäche mit ihren schäumenden Wasserfällen und die klaren Bergseen tragen weiter zur Bereicherung dieser zauberhaften Landschaft bei. Diese Gegend, die sich für Bergwanderungen und Hochgebirgstouren anbietet, lockte bereits im 19. Jh. Alpinisten von internationalem Ruf, die von den wuchtigen, majestätischen Felstürmen, die das Tal überragen, angezogen wurden. Derzeit liegen zahlreiche malerische Routen und markierte Pfade vor, die zu einladenden Schutzhütten führen, oder Wege für schwierigere Aufstie-

◀ *Pinzolo*

Madonna di Campiglio

ge und Höhenüberquerungen, unter denen die Via delle Bocchette genannt sei, ein berühmter Steig, der in die schwindelerregenden Wände des Brenta gehauen wurde und einige der bezauberndsten Dolomitengipfel berührt, wie den Campanil Basso und den Crozzón del Brenta. Unerschöpflich sind dann die Möglichkeiten erholsamer Wanderungen auf leichten Wegen, die durch das Grün der Wiesen und der dichten Wälder führen, die das gesamte Val Rendena-Gebiet bedecken.

Für alle Disziplinen der Skifahrt bieten sich in der Wintersaison die endlosen schneebedeckten Weiten des Dos Sabion, des Grostè, des Spinale, von Pradalago und den Cinque Laghi an, mit Verbindungen zu den Skigebieten von Folgàrida und Marilleva im Valle di Sole und zum Langlaufzentrum von Campo Carlo Magno, dessen Loipen sich bis in das Val Meledrio erstrecken. In die magische Atmosphäre dieser Berglandschaft fügen sich die Ortschaften und kleinen Dörfer des Talgrundes als Hüter von Schätzen der Kunst, Geschichte und alten Traditionen, die die Lokalbevölkerung seit Generationen weitergibt.

Wenn wir den Campo Carlo Magno-Pass und die Abzweigung hinter uns lassen, die in die bezaubernde Berglandschaft des Val Nambino und zu dessen gleichnamigem märchenhaftem kleinen See führt, erreichen wir Madonna di Campiglio, einen Winterurlaubsort, dessen Berühmtheit ihm den Titel "König der Dolomiten" eingetragen hat. Der Ort liegt in einer grünen Wiesensenke, umgeben von dichten Fichtenhainen, die sich im klaren Wasser des Stausees von Campiglio spiegeln. In Madonna di Campiglio, das seine zahlreichen Liftanlagen zu einem obligaten Ziel für Skifahrer machen, finden alljährlich große Sportveranstaltungen und Wettbewerbe statt.

Unter den bekanntesten sei die legendäre Tre-3 erwähnt, ein Weltcupbewerb des alpinen Skilaufs, der jedes Jahr ein breites internationales Publikum lockt. Im Laufe der Jahre verwandelte sich Madonna di Campiglio in eine kleine Modestadt, ein luxuriöses mondänes Zentrum von internationalem Ruf, dessen Ursprung im fernen 19. Jh. zu suchen ist, als der österreichische und mitteleuropäische Adel es als Sommerurlaubsort erwählte. Die prunkgeladene Atmosphäre der Vergangenheit ist im Monat März beim bekannten *Carnevale asburgico* (Habsburger Karneval) zu spüren, der eine Woche dauert und mit dem großen traditionellen Ball schließt. Auch der berühmte *Ballo dell'imperatore* (Kaiserball) erinnert im Monat August mit Konzerten klassischer Wiener Musik, Tänzen und typisch österreichischen Mehlspeisen an den Glanz von einst. Dank der günstigen Lage inmitten des Naturparks Adamello-Brenta, umschlossen von den stolzen Gipfeln der Brentdolomiten, des Adamello und der Presanella, ist Madonna di Campiglio auch in der Sommersaison ein verlockendes Ziel.

Von hier können wir verschiedene Ausflüge unternehmen, wobei wir entweder den Wanderwegen folgen, die in das nahe gelegene Vallesinella eindringen - ein prachtvolles kleines Tal mit den schäumenden Wasserfällen des Sarca -, oder den Routen folgen, die uns zu den bezaubernden Bergseen führen, wie zum Malghettesee und der gleichnamigen Schutzhütte. Eine faszinierend Tour ist der sogenannte Giro dei Cinque laghi (Tour der fünf Seen), der die Seen Ritorto, Lambìn, Nero, Gelato, Seròdoli und Nambino berührt.

Der Ort ist außerdem ein grenzenloses Paradies für Alpinisten, die von hier Berg- und Klettertouren jeder Art und aller Schwierigkeitsgrade unternehmen. Unvergessliche Eindrücke vermitteln auch die Seilbahnfahrten nach Pradalago, wo wir ein herrliches Panorama der Westseite der Brentagruppe genießen, oder auf den Spinale, der einen bezaubernden Ausblick auf die Berge des Val Rendena, des Valle di Sole, des Adamello, der Presanella und des Cevedale bie-

Auswanderung und alte Berufe des Val Rendena

Der spärliche Ackerboden und die kargen Erträge aus der Land-, Forst- und Weidewirtschaft zwangen die Lokalbevölkerung dazu, in Wellen ihre Heimat zu verlassen, um in der Fremde bessere Arbeitsmöglichkeiten und einen Lebensunterhalt zu suchen.

Die temporäre Auswanderung bestimmter Berufsgruppen - ein Kapitel der Lokalgeschichte, das sich nachhaltig auf das wirtschaftliche, kulturelle und soziale Geschehen des Tales auswirkte - erfolgte vorwiegend im Laufe des 19. und 20. Jh. Anfänglich emigrierten in erster Linie die *Segantini* (Sägewerker),

"Der Scherenschleifer", ein Werk des Künstlers Mariano Fracalossi

die Schirmerzeuger und die *Maiolini,* Wanderverkäufer, die mit Kristallwaren aus Carisolo handelten. In aller Welt waren die Wursthändler und vor allem die Scherenschleifer aus dem Val Rendena, die sogenannten *Molèti* bekannt, die gegen Ende des 19./Anfang des 20. Jh. in großer Zahl in europäische Staaten und verschiedene Gegenden Amerikas zogen und

die in London, Wien, New York, Chicago, Baltimore, Boston, Pittsburgh und Philadelphia Berufsverbände für wechselseitige Hilfeleistung gründeten. Interessant ist, dass die *Segantini, Maiolini,* Wurstwarenverkäufer und Scherenschleifer aus dem Val Rendena einen eigenen Berufsjargon, den sogenannten *Tarón* entwickelten.

Er ähnelte einer Gauner- oder einer Geheimsprache, dank der sie sich untereinander verstanden, doch vor Uneingeweihten ihre wahren Absichten verborgen halten konnten. Verschiedene Feste und Volksveranstaltungen gründen sich auf die Traditionen und die antiken Berufe der Bevölkerung, die seit Jahrhunderten in diesem Tal lebt.

Es sei hier das Fest *Come eravamo* (Wie wir waren) erwähnt, das in Bocenago im August stattfindet: eine Folkloreveranstaltung, die neben Darbietungen der alten Handwerkskunst auch gastronomische Höhepunkte, Umzüge und Trachtendarbietungen umfasst.

tet. Wenn wir weiter auf der Hauptstraße, die durch dichte Wälder und weite Wiesen führt, talwärts fahren, erreichen wir Sant'Antonio di Mavignola, ein typisches Bauerndorf, das sich durch charakteristische rustikale Gebäude auszeichnet. In der Nähe des Dos del Sabion erhebt sich die antike Kirche Sant'Antonio, ein bemerkenswertes Beispiel sakraler Kunst mit Fresken aus dem 16. Jh., die Simone Baschenis zugeschrieben werden. Wenn wir von der Ortschaft Sant'Antonio di Mavignola das rechte Ufer des

Sarca di Campiglio entlang fahren, dringen wir in das Val d'Àgola ein und erreichen auf einem Weg, der durch dichten Wald führt, den Valagolasee. Fahren wir von hier noch weiter, so gelangen wir ins Val di Brenta, eine prachtvolle Bergzone, die völlig umringt ist von den majestätischen Felstürmen des Crozzón del Brenta, der Cima Tosa, der Cima Brenta Bassa, der Cima Brenta Alta, dem Campanil Basso, dem Campanil Alto, den Sfulmini, der Cima Brenta und der Cima Mandrón.

Der Naturpark Adamello-Brenta

Der von der Autonomen Provinz Trient im Jahr 1967 gegründete Naturpark Adamello-Brenta erstreckt sich im westlichen Raum des Trentino an der Grenze zur Lombardei über eine Fläche von 618 km². Das vom Val Rendena in zwei Blöcke geteilte geschützte Gebiet umfasst die eindrucksvollen Gipfel des Adamello, der Presanella und der Brentagruppe. Im Norden wird es vom Valle di Sole und vom Valle di Non, im Süden von den Valli Giudicarie abgegrenzt.

Dieser ausgedehnte Park zeichnet sich durch die Vielfalt der Naturlandschaften aus: die stolzen Dolomitengipfel und das ewige Eis des Adamello und der Presanella, zahlreiche kleine Hochgebirgsseen mit klarem Wasser, faszinierende Täler, die grüne Wiesen und Wälder umfassen und in die wildesten, entferntesten Zonen vordringen, und schließlich ungestüme Wildbäche, die spektakuläre Wasserfälle hervorbringen und zu einzigartigen Karsterscheinungen führen. Unter den bezauberndsten Alpentälern, die sich durch das Parkgebiet ziehen, seien das Val di Fumo, das Val di Genova, das Val Nambrone, das Val Meledrio, das Val di Brenta, das Val di Tóvel, das Val d'Ambiéz, das Val d'Algone, das Val di Breguzzo und schließlich das Valle di San Valentino erwähnt. Wegen der eindrucksvollen Spitzen und malerischen Felswände ist der Park eines der beliebtesten Ziele von Tourengehern und Felskletterern.

Die zahllosen gesicherten Steige und Pfade führen durch eine Landschaft, die reich an interessanten historischen Zeugnissen ist, wie die Ruinen von Festungswerken, Militäranlagen und Reste von Kriegsmaterial zeigen, die aus dem Ersten Weltkrieg stammen und längs des Friedenspfades anzutreffen sind. Der Park zeichnet sich überdies durch dichten Baumbestand und wertvolle Bergblumenarten aus, vor allem aber durch eine reichhaltige, charakteristische Fauna. Neben den zahlreichen Vogelarten, wie den Raubvögeln, sind auch Murmeltiere, Gämsen, Hirsche, Rehe und - dank des Besiedlungsprogramms jüngerer Zeit - auch Steinböcke vorzufinden. Der Bär stellt jedoch in diesem Areal den Hauptanziehungspunkt der Tierwelt dar. Im Park halten sich einige der wenigen bodenständigen Braunbärexemplare auf, die im Alpenraum überlebt haben.

Das gesamte Landesgebiet umfasst zwei Wildgehege für Braunbären: eines bei der Wallfahrtskirche San Romédio in der Gemeinde Sanzeno, das andere in Spormaggiore im unteren Valle di Non in der Ortschaft Albaré-Plan della Fontana. In Spormaggiore wurde im antiken Palazzo Corte Franca das Museo Faunistico (Faunamuseum) untergebracht, das die

Vallesinella
Wasserfall

*Valle delle Seghe,
auf dem Weg
zur Hütte
Croz dell'Altissimo*

interessantesten, im Park lebenden Tierarten beschreibt und auch die Lebensumstände des Braunbären schildert.

In Strembo im Val Rendena liegt die Geschäftsstelle der Parkverwaltung: Sie leitet alle Besucherzentren, die sich in den Zugangszonen zu den verschiedenen Parkabschnitten befinden. Die am Tóvelsee im Valle di Non geschaffene Stelle, die auf die Umweltmerkmale der Gegend eingeht, widmet dem Braunbären der Alpen eine eigene Sektion.

Das Zentrum von Daone in den Valli Giudicarie, das im Gemeindeamt eingerichtet wurde, bietet verschiedene Lehrpfade, die dem Besucher den Park erschließen und ihn die hier lebenden Tiere entdecken lassen.

Der Bocchette-Weg

In dieser Gegend liegen gut eingerichtete Schutzhütten und charakteristische Almhütten verstreut.

Wenn wir erneut auf die Staatsstraße zurückkehren, können wir in der Nähe der Ortschaft Sant'Antonio di Mavignola die Straße einschlagen, die in das Val Nambrone, ein wildromantisches Tal führt, das auf der südöstlichen Seite des Presanellamassivs verläuft und über einen unglaublichen Wasserreichtum verfügt. Das Val Nambrone bietet sich für Ausflüge zu den Schutzhütten und zu den kleinen Seitentälern an, wie etwa zum Val d'Àmola, das eine weitere ausgezeichnete Basis für Presanella-Besteigungen von der Seite des Val Rendena aus bildet, und zum bezaubernden Val Cornisello, das sich durch seine klaren Bergseen auszeichnet, unter denen die Corniselloseen mit dem beeindruckenden gleichnamigen Wasserfall und der faszinierende Vedrettasee genannt seien.

Wir bewegen uns nun weiter auf der Staatsstraße, auf der wir nach kurzer Zeit den charakteristischen Ort **Carisolo** erreichen, der am südlichen Fuß der Cima Lancia in der Nähe des Zugangs zum Val di Genova liegt. Erwähnenswert ist die Pfarrkirche San Nicola, die aus dem 15. Jh. stammt, doch im 18. Jh. neugebaut wurde, von dessen Kirchhof aus sich ein unvergleichlich schönes Panorama erschließt.

Wenn wir knapp oberhalb der Kirche loswandern, führt uns ein angenehmer Spaziergang mühelos zur alten Einsiedelei San Martino. Unweit des Wohnortes erhebt sich auf der Spitze eines Felsens, umgeben von dichtem Wald, die alte Kirche Santo Stefano romanisch-gotischen Ursprungs, die später im Laufe des 15. und 16. Jh. umgebaut und erweitert wurde und die wertvolle Außenfresken aus dem 16. Jh. zeigt. Sie wurden von Simone Baschenis ge-

Die Tuckett-Hütte
Die Brentei-Hütte
Die Zwölf-Apostel-Hütte

Carisolo, Kirche Santo Stefano

schaffen und zeigen das Leben des Kirchenpatrons, einen Hl. Christophorus und einen Totentanz mit Bildbeschreibungen in volkstümlicher Sprache.

Im Inneren sind weitere sehr schöne Fresken der Baschenis aus dem 15. Jh. zu bewundern, wie auch die interessante Darstellung einer Sage vom Durchzug Karls d. Großen im Trentino. Ausgehend von der Ortschaft Carisolo können wir der Straße folgen, die durch das Val di Genova führt. Dieses prachtvolle Tal glazialen Ursprungs, das auch unter dem Namen "Valle delle cascate" (Tal der Wasserfälle) bekannt ist und sich zwischen die Adamello- und Presanellagruppe schiebt, ergibt mit seinem unglaublichen Pflanzen- und Tierreichtum eine der zauberhaftesten und wildromantischesten Bergkulissen.

Durch das außerordentlich wasserreiche Tal tost die Sarca di Genova, in den andere Wildbäche und kleinere Wasserläufe münden, die sich lärmend durch die zahlreichen Seitentäler ziehen. Die Gegend ist übersät mit klaren Bergseen, unter denen der Mandronesee, der Ghiacciatosee und der Scurosee erwähnt seien.

Der berühmte, rauschende Nàrdis-Wasserfall, der aus einer Höhe von über hundert Metern in die Tiefe stürzt, verwandelt sich in den kälteren Monaten in ein wahres Sportgelände, das sich für abenteuerliche Eisklettertouren anbietet. Kurz nach Carisolo erreichen wir, wenn wir in Richtung Tione weiterfahren, **Pinzolo**, das Verwaltungszentrum des Tales, einen berühmten Bergort in einer weiten Senke, die von dichten Wäldern umgeben ist.

Die Ortschaft bietet Panoramablicke auf die Gipfel der Presanella und die Gruppe der Brentadolomiten und ist seit jeher ein idealer Ausgangspunkt für Höhentouren. In Pinzolo befindet sich eines der wertvollsten Monumente

Val di Genova

Val di Genova, Nàrdis-Wasserfall

sakraler Kunst des Trentino, die antike Friedhofskirche San Vigilio, die vermutlich um das
Jahr Tausend entstand, dann im 15. Jh. neugebaut und später erweitert wurde. Simone Baschenis schmückte sie im 16. Jh. mit Fresken:
der berühmte Totentanz (Danza macabra),
auch Trionfo della morte (Triumph des Todes)
genannt.

Nach Pinzolo erreichen wir bald den Ort **Giustino**, der in einigen Winkeln noch das typische Aussehen eines Bergdorfes zeigt und dessen charakteristische Häuser einen Aufsatz aus
Holz und freskengeschmückte Wände aufweisen. Einen Besuch ist auch die Pfarrkirche Santa Lucia wert, die kostbare Fresken der Baschenis enthält.

Unweit von Giustino liegt auf der Ostseite des

Val Rendena der Ort **Massimeno**, dessen Häuser den Hauptplatz säumen, auf dem sich die Kirche Madonna di Loreto erhebt. Hier bietet sich ein herrliches Panorama des Tales und des Adamello-Presanella-Massivs.

In der Nähe der Ortschaft erhebt sich auf der Spitze eines Hügels die im 16. Jh. umgebaute mittelalterliche kleine Kirche San Giovanni Battista, deren Fassade ein von Simone Baschenis geschaffenes Freskenbild des Hl. Christophorus zeigt.

Nach Giustino zurückgekehrt, erreichen wir, wenn wir in Richtung Tione weiterfahren, den Ort **Caderzone**, der im Herzen des Val Rendena liegt und von grünen Wiesen umrahmt wird, über die alte Bauerngehöfte verteilt liegen. Die Ortschaft, eine der ältesten Ansiedlungen des Tales, wird von der Pfarrkirche San Biagio beherrscht, die aus dem 14. Jh. stammt, doch im Laufe des 19. Jh. neugebaut wurde. Sie zeichnet sich durch einen eigenwilligen Glockenturm aus dem 14. Jh. aus, der vom Rest des Bauwerks getrennt steht.

In der historischen Ortsmitte sind die steilen, schmalen, mit Steinen gepflasterten Wege zu begehen, die von Gebäuden mit charakteristischen Granitportalen und Holzbalkonen gesäumt werden.

Pinzolo, Kirche San Vigilio:
der Totentanz

Die Seen von San Giuliano

159

Gotteshaus, das im Laufe des 19. Jh. neugebaut wurde und von dessen Standort sich ein unvergleichliches Panorama des gesamten Val Rendena erschließt.

Wenn wir wieder auf die Hauptstraße fahren, erreichen wir nach Mortaso den Ort **Spiazzo Rendena**, in dem der Überlieferung nach Vigilius, der erste Bischof von Trient, 405 n. Chr. von der Lokalbevölkerung gesteinigt wurde, da er eine heidnische Säule abgerissen hatte, die Saturn geweiht war. Sie stand an der Stelle, an der sich heute der Hauptaltar der Pfarrkirche befindet, die dem Märtyrer geweiht ist. Die Mittelschule von Spiazzo, des wichtigsten Ortes im mittleren und unteren Valle Rendena, zeigt eine interessante Dauerausstellung von Urkunden, Fotografien und verschiedenen Fundstücken, die auf dem Adamellogletscher zutage traten und auf die Zeit des sogenannten "Adamello-Krieges" von 1915-1918 zurückgehen. Nachdem wir die kleine Siedlung Borzago erreicht haben, queren wir die Wiesen, Weiden und dichten Wälder des Valle di Borzago, einer Gletschersenke, die sich an der Ostseite des Carè Alto erstreckt. Das kleine Tal bietet Möglichkeiten für aufregende Bergtouren und Ausflüge durch den südöstlichen Teil der Adamellogruppe, vor allem in Richtung des Carè Alto, eines der faszinierendsten Gipfel des Adamellogletschers, und zu der an seinem Fuß gelegenen gleichnamigen Schutzhütte, die einen herrlichen Panoramablick über das gesamte Val Rendena und die Brentagruppe bietet. In der Nähe der Hütte liegt eine charakteristische kleine Kirche aus Holz - auch "Russenkirche" genannt, da sie im Ersten Weltkrieg von sowjetischen Gefangenen errichtet wurde.

Von Caderzone führt uns ein angenehmer Spaziergang zum San Giulianosee mit der gleichnamigen Almhütte und der antiken kleinen Wallfahrtskirche San Giuliano di Cilicia, die sich am Ostufer erhebt, und wenig später zum bezaubernden Garzonèsee.

Fahren wir auf der Staatsstraße weiter talwärts, erreichen wir zunächst den Ort **Strembo**, in dem das Verwaltungszentrum des Naturparks Adamello-Brenta liegt, dann **Bocenago**, einen Urlaubsort am Fuße des Monte Tof am linken Sarcaufer, der sich durch schöne Granitbrunnen und typisch rustikale Häuser des Val Rendena auszeichnet, die sakrale Wandmalereien verschönern. Nennenswert ist auch die Pfarrkirche Santa Margherita, ein mittelalterliches

Pelùgo, Kirche Sant'Antonio Abate

Wenn wir in Richtung Tione weiterfahren, entdecken wir vor der Siedlung **Pelùgo**, in isolierter Stellung, die kleine Friedhofskirche Sant'Antonio Abate, ein bezauberndes Gotteshaus, dessen Fassaden interessante, von Dioniso Baschenis im 15. Jh. geschaffene Fresken aufweisen. Folgen wir der Staatsstraße weiter, erreichen wir **Vigo Rendena**, Javrè und **Darè**, drei Orte am Fuß des wildromantischen Valle di San Valentino, eines schönen kleinen Bergtals, das der Rio Bedù grub und das einen der faszinierendsten Zugänge zum Trentiner Teil des Adamello und zum Naturpark Adamello-Brenta bildet.

Nach dem Ort **Villa Rendena**, der letzten Gemeinde des unteren Val Rendena, und der kleinen Siedlung Verdesina dringen wir in das ausgedehnte Gebiet der Valli Giudicarie ein.

Gastronomie und heimische Produkte

Das kulinarische Angebot des Val Rendena stützt sich vorwiegend auf einfache Produkte, wie sie die typische Land- und Weidewirtschaft von Berggegenden hervorbringt. Die Viehzucht, aus der naturreine Käseprodukte und ausgezeichnetes Fleisch gewonnen wird, stellt seit jeher einen Haupterwerbszweig des Tales dar. Das Val Rendena ist vor allem wegen der Erzeugung von Qualitätswürsten bekannt, die nach besonderen, seit Generationen weitergegebenen Methoden zubereitet werden. Darunter sind die schmackhafte *Salame all'aglio Caderzone* (Knoblauchwurst), die *Cacciatore nostrano all'aglio Caderzone* (ebenfalls mit Knoblauch zubereitet), der ausgezeichnete *Pancetta nostrana all'aglio Caderzone* (heimischer Bauchspeck mit Knoblauch), die *Salamela fresca all'aglio Caderzone* und die *Mocetta rendenèra* zu nennen.

Unter den Käsespezialitäten nimmt der *Spressa*, ein Magerkäse, eine besondere Stellung ein. Er kann direkt in den Almhütten verkostet werden, die über die Weiden des Tales verstreut liegen. Zu den ganz charakteristischen Speisen des Val Rendena gehört die *Polenta concia*, eine mit Butter und geschmolzenem Käse übergossene Polenta.

Die zahlreichen gastronomischen Feste, die regelmäßig im Tal stattfinden, bilden eine gute Gelegenheit, um die köstlichen Produkte der lokalen Küche zu genießen. Unter den bekanntesten seien *Magnar a la vecia* genannt, eine Veranstaltung, an der sich jährlich gegen Ende Juli die besten lokalen Restaurants beteiligen, und *Natural...mente bosco*, ein kulinarisches Programm, das jeden Sommer Restaurants, Alm- und Schutzhütten des Tales einbezieht.

Valli Giudicarie (Judikarien)

Die Valli Giudicarie, die sich im westlichen Teil des Trentino erstrecken, folgen dem mittleren Lauf des Sarcaflusses - der dem Gletscher der Adamello-Presanellagruppe entspringt, das Val Rendena durchfließt, den Ort Tione berührt und die Gola del Limarò erreicht - und dem Chiesefluss bis zu der Stelle, an der dieser in den Idrosee mündet. In geographischer Hinsicht unterteilen sich die Täler in die Giudicarie Inferiori (untere Judikarien), die die Busa di Tione und das Valle del Chiese umfassen, und die Giudicarie Esteriori (äußere Judikarien) mit den Gebieten Bleggio, Banale und Lomaso.

Die Valli Giudicarie bieten eine äußerst große Vielfalt an Landschaftsbildern.

Da ist einmal die typisch alpine Szenerie der Giudicarie Inferiori zu nennen. Dieses von den zerklüfteten Spitzen der Adamellogruppe umgebene Gebiet wird vom Chiesefluss und kleinen Seitentälern durchfurcht und umschließt ausgedehnte Wälder und Wiesen, große und kleine Bergseen.

Es folgt die Berglandschaft der Giudicarie Esteriori mit den eindrucksvollen Felswänden der Brentagruppe: Sie erheben sich über gewellte Hochebenen und bebaute Terrassen, die mit grünen Weiden und dichten Wäldern abwechseln. Was die Landschaft der Valli Giudicarie am meisten kennzeichnet, ist der ausgesprochen bäuerliche Stil dieser eigenen Welt, die sich durch eine menschengerechte Lebensweise und eine harmonische Verbindung von Natur und Kultur auszeichnet. In den Dörfern und Wohnsiedlungen spüren wir auch heute noch die typische Atmosphäre eines bäuerlichen Gebietes, das reich an alten Sitten und Gebräuchen ist.

Zu den Naturschönheiten dieser Stätten gesellen sich elegante Herrschaftsgebäude, alte Sakralbauten, prunkvolle Burgen und zahlreiche andere Zeugnissen der Geschichte und der Kunst, die der kulturellen Vergangenheit der Valli Giudicarie angehören.

Wenn wir durch den unteren Abschnitt des Val Rendena fahren, dringen wir nach der kleinen Siedlung Verdesina in die Busa di Tione ein, eine grüne, ebene Senke, die sich in der Nähe der Stelle ausbreitet, an welcher der Wildbach Arnò am Fuße des Naturparks Adamello-Brenta in den Sarcafluss mündet.

Seit der Antike ist dieses Gebiet ein Kreuzungspunkt wichtiger Verbindungswege, die durch das Valle del Chiese in die Lombardei, durch das Val Rendena nach Madonna di

Valle del Chiese

Tione, Kirche San Vigilio

Campiglio, durch die Gola del Lomarò nach Trient und über den Duronepass in das Bleggiogebiet und nach Riva del Garda führen.

Hingeschmiegt am Fuße des Monte Gaggio liegt die Ortschaft **Tione**, Verwaltungs- und Handelszentrum der Valli Giudicarie. Besonders zauberhaft erscheint der antike Ortsteil mit seinen Winkeln und schönen Straßen, die charakteristische Gebäude säumen. Zu den interessantesten sakralen Bauten zählen die Pfarrkirche Assunta, die im 12. Jh. errichtet und später umgebaut wurde, und die in Ortsnähe am Ufer des Sarcaflusses gelegene, von üppiger Vegetation umgebene kleine Kirche San Vigilio aus dem 15. Jh., die wertvolle historische Fresken birgt.

Tione ist außerdem ein ausgezeichneter Ausgangspunkt für faszinierende Bergtouren durch die Adamellogruppe oder über den Südhang der Brentagruppe. Unweit von Tione liegt in der Nähe der Stelle, an welcher der Rio Manéz in den Sarca mündet, der Ort **Preore**. Von hier können wir weiter der Straße folgen, die nach Cort, Larzana und Binio führt - drei kleine Siedlungen, die die Gemeinde **Montagne** bilden - und in das Val Manéz eindringen, das einen zauberhaften Zugang zum Naturpark Adamello-Brenta bildet.

Ins Tal zurückgekehrt, fahren wir in Richtung der malerischen Ortschaft **Ràgoli** weiter, die am Fuße des Monte Irone zwischen dem Val Manéz und dem Val d'Algone liegt. Das historische Ortszentrum, das sich aus verschiedenen Häusergruppen zusammensetzt, zeichnet sich durch vornehme Gebäude und Wohnhäuser aus. Deren Wände sind mit Graffitomalereien und Fresken verziert, die anhand von Szenen aus dem Alltag die Geschichte und die Traditionen des Ortes schildern. Unter den Sakralgebäuden sei die mittelalterliche Pfarrkirche der Heiligen Faustino und Giovita erwähnt, die im 18. Jh. neugebaut und später restauriert wurde. Sie weist eine schöne Fassade in barockem Stil und wertvolle Fresken aus dem späten 15. Jh. auf. Einige Kilometer von Ràgoli entfernt liegt der Wohnort Irón, ein kleines Dorf, das sich bis heute seine typische urbanistische und architektonische Struktur des Mittelalters bewahrt hat.

Wenn wir nun nach Preore zurückfahren und die Staatsstraße einschlagen, die am rechten Sarcaufer in Richtung Tione verläuft, sehen wir - hingeschmiegt auf ein Panoramaplateau und umgeben von dichten Wäldern und grünen Wiesen, über die charakteristische Heuschober verteilt liegen - die zwei Orte **Bolbeno** und **Zuclo**, die typischen Bergcharakter und ländliche Züge aufweisen und ein idealer Ausgangspunkt für geruhsame Wanderungen sind.

Nach Tione zurückgekehrt, bewegen wir uns auf der Staatsstraße am linken Ufer des Wildbachs Arnò bis zur Höhe der Ortschaft **Breguzzo** und schlagen die Straße ein, die das gleichnamige liebliche Tal empor führt.

Das Valle di Breguzzo, das in der gesamten Länge vom Oberlauf des Arnò durchzogen wird, ist ein Gebiet von hohem naturalistischem Wert. Es bildet einen wichtigen Zugang zum Naturpark Adamello-Brenta und einen idealen Ausgangspunkt für Aufstiege zu den höchsten Berggipfeln oder den Gletschern der Adamellogruppe.

Wenn wir die Gemeinde Breguzzo hinter uns lassen, dringen wir in das Valle del Chiese, ein typisches Bergtal ein, das sich vom Valico di Bondo bis Ponte Càffaro an der Grenze zur Provinz Brescia erstreckt. Im gesamten Tal dominiert eine noch unberührte Natur, was einen idealen Hintergrund für die Siedlungen ergibt, die sich am Talgrund oder auf den Berghängen ausbreiten. Als Hüter unzähliger Schätze der Kunst und Geschichte zeugen diese Dörfer alten bäuerlichen Ursprungs von der wichtigen Transitfunktion, die das Valle del Chiese in der Vergangenheit hatte.

Wenn wir auf der Staatsstraße in Richtung Condino und vorbei am k.u.k.-Friedhof fahren, der sich in der Nähe des Ortes **Bondo** zur Linken ausbreitet, erreichen wir schon bald **Roncone**. Die Ortschaft, die in der Nähe des gleichnamigen Sees liegt, wird von der Barockkirche Santo Stefano beherrscht. Dieses schöne Gotteshaus verwahrt im Inneren eine wertvolle Orgel, die im 17. Jh. von einem geschickten lokalen Holzschnitzer geschaffen wurde. Vom Kirchhof aus erschließt sich ein prachtvolles Panorama des ganzen Tales, einschließlich der Senke des Idrosees. In der charakteristischen historischen Ortsmitte von Roncone können wir die mit schönen Granitbrunnen geschmückten Plätze bewundern und durch bezaubernde, mit Steinen gepflasterte schmale

Straßen spazieren. Sie werden von freskengeschmückten Gebäuden gesäumt, die noch die typische Bauweise der alten Bauernhäuser aufweisen.

Von Roncone gelangen wir bald zur Siedlung Fontanedo, dann nach **Lardaro**, in dessen Nähe sich eine k.u.k.-Verteidigungsanlage erhebt, die in der zweiten Hälfte des 19. Jh. geschaffen und später zur Zeit des Ersten Weltkriegs umgebaut wurde. Von den fünf Festungen, die längs der einst hier verlaufenden Verteidigungslinie entstanden, sind nur noch drei erhalten: das Werk Larino in der Nähe von Lardaro, das Werk Corno bei Fontanedo und die Ruine des Werks Cariola unweit von Agrone.

Roncone, Kirche Santo Stefano: die Orgel

Val di Fumo

Valle di Daone, Ice Climbing

Lardaro, Werk Larino

Gleich nach der Ortschaft Lardaro schlagen wir die Straße ein, die nach **Daone** führt, und befahren das wildromantische, gleichnamige Tal bis zum Fuß des Adamellogletschers. Das Valle di Daone zeichnet sich durch großen Wasserreichtum aus: In der gesamten Länge wird es vom stürmischen Chiesefluss durchzogen, dessen schäumende Wasserfälle sich in der kältesten Jahreszeit in spektakuläre Eiswände verwandeln und sich für atemberaubende Eisklettertouren anbieten. Zahlreich anzutreffen sind bezaubernde Bergseen, wie etwa der Lago Morandin, der Lago di Boazzo und der Lago di Campo. Im Laufe des Winters ist das Valle di Daone außerdem beliebtes Ziel von Skitourenfahrern und Langläufern, während es im Sommer ein Eldorado für die Anhänger des Free Climbings ist. Im oberen Abschnitt, in dem der klare Malga-Bissina-See liegt, nennt sich das Tal "Val di Fumo".

Wenn wir wieder zurück zur Hauptstraße des Tales und an der Abzweigung vorbei fahren, die zur Ortschaft **Bersone** führt, gelangen wir nach **Pieve di Bono** - eine grüne Senke, die von der Ruine des mittelalterlichen Castel Romano beherrscht wird. In der Nähe von Creto, dem Verwaltungs- und Geschäftszentrum von Pieve di Bono, erhebt sich die alte Kirche Santa Giustina aus dem 16. Jh., die bereits im 13. Jh. mit ihrem wuchtigen, zinnengekrönten Glockenturm und den wertvollen Innenfresken des 15. Jh. erwähnt wird, von denen einige von den berühmten lombardischen Malern Baschenis stammen. Wo der Wildbach Adanà in den Chiesefluss mündet, folgen wir der Straße nach **Prezzo** und erreichen schließlich die ausgedehnten Wiesen der Ortschaft Bonipradi.

Falls wir uns hingegen weiter auf der Staatsstraße halten und an den Häusern von Cologna, einer kleinen Siedlung von Creto, vorbeifahren, gelangen wir in das Gebiet der alten Gemeinde Pieve di Condino. Wenn wir die Straße einschlagen, die zur Ortschaft **Castel**

Pieve di Bono, Castel Romano

Condino führt, erreichen wir **Cimego**, ein charakteristisches Dorf, bei dem einige römische Inschriften von erheblicher archäologischer Bedeutung gefunden wurden. Im Winter bietet sich diese Gegend, die überdies mit Loipen und einigen Liftanlagen ausgestattet ist, für unvergessliche Skitouren an. In der Sommersaison sind interessante Spaziergänge auf dem Sentiero etnografico Rio Caino (volkskundlicher Lehrpfad) zu unternehmen. Dieses "Freilichtmuseum" zieht sich zur Linken des Chieseflusses durch wildreiche, dichte Föhren- und Buchenwälder hin. Eine kleine, über den

*Creto: Pfarrkirche Santa Giustina,
unten das mit Fresken geschmückte Innere*

Fluss gespannte Hängebrücke bildet den Zugang zum Pfad, der bezaubernde Ausblicke auf das obere Val Rendena und den Idrosee bietet. Auf der Strecke sind zahlreiche volkskundliche Zeugnisse zu sehen, die die Geschichte der Talgemeinschaft belegen: alte Handwerksansiedlungen mit Schmieden und Brennöfen, in denen Kalk erzeugt wurde, typisch rustikale Gebäude wie Almhütten, die Aufschluss über die Arbeit von einst geben, und Militäranlagen aus der Zeit des Ersten Weltkriegs.

In **Condino**, früher bekanntes Zentrum des Bergbaus und der Seidenindustrie, ist die antike Pfarrkirche Santa Maria Assunta einen Besuch wert, die zu Beginn des 16. Jh. im gotischen und Renaissancestil neugebaut wurde. Sehenswert ist auch die im 13. Jh. erwähnte und im 15. Jh. umgebaute Kirche San Rocco, deren Hauptfassade ein Freskenbild des Hl. Christophorus zeigt, das von den Baschenis geschaffen wurde, wie auch

andere Fresken zu sakralen Themen (16. Jh.). Auf einem Hügel nahe dem linken Chieseufer erhebt sich an der alten, zum Rangopass führenden Straße die Kirche San Lorenzo, die im Mittelalter entstand, doch im 16. Jh. umgebaut wurde. Sie enthält wertvolle Innenfresken der Baschenis.

Wenn wir die Ortschaft Condino hinter uns lassen und die Staatsstraße einschlagen, die das Tal des Chiese über das Valle di Ledro mit dem Gardasee verbindet, erreichen wir **Storo**, das mit seinen Ortsteilen Darzo, Lodrone, Ponte Càffaro und

Riccomassimo die am dichtesten bevölkerte Gemeinde der Valli Giudicarie ist. Die Gebäude der alten Bezirke von Storo, die typisch ländliche Bauelemente aufweisen, werden von Balkonen und sakralen Mauerbildern geschmückt. In der Ortsmitte verlaufen steile, mit Steinen gepflasterte schmale Gassen, die von kleinen Plätzen mit charakteristischen Granitbrunnen unterbrochen werden. Erwähnenswert ist auch die Pfarrkirche San Floriano, die bereits im 12. Jh. urkundlich aufscheint, dann im 15. Jh. neugebaut und später erweitert wurde. Ihre Außenfassade schmückt ein Freskenbild des Kirchenpatrons.

Zu nennen ist ebenfalls die kleine Friedhofskirche Sant'Andrea, so wie das nicht fern von Storo gelegene Kirchlein San Lorenzo (mit wertvollen, aus dem 16. Jh. stammenden Fresken der Baschenis), das über den Ort dominiert und ein sehr schönes Panorama der Ebene des Chieseflusses und des Idrosees bietet.

Wenn wir auf der Staatsstraße in Richtung Ponte Càffaro weiterfahren, zeichnet sich schließlich das wuchtige Castel San Giovanni ab, das sich auf einem Felshügel zwischen den Ortschaften Baitoni und Bondone erhebt. Die alte, im Mittelalter entstandene Festung war einst Ansitz der Grafen Lodron. Sie spiegelt sich im klaren Wasser des darunter liegenden Idrosees und bietet einen reizenden Ausblick auf die gesamte Adamellokette. Bald danach erreichen wir **Bondone**, ein kleines Bergdorf, das sich nahe der Grenze zur Lombardei in einer prachtvollen Panoramalage über dem Idrosee erhebt. Die Ortsmitte zeichnet sich durch eine Folge steiler Gassen aus, die schöne, mit Fresken verzierte Gebäude säumen. Erwähnenswert ist hier die Pfarrkirche Natività della Beata Vergine Maria.

Storo, Castel San Giovanni

Wir folgen nun dem Chiesefluss bis zum Valico di Bondo, kehren zur Busa di Tione zurück und dringen, wenn wir uns weiter auf der Staatsstraße in Richtung Ponte Arche halten, in die Giudicarie Esteriori (äußere Judikarien) mit den drei Hochebenen **Banale**, **Bleggio** und **Lomaso** ein, ein Gebiet, das wegen seiner besonderen geographischen Lage eine wichtige Verbindung zwischen dem Gardaseeraum im Süden und der Dolomitenlandschaft des Brenta im Norden darstellt. Auf den drei grünen Terrassen breiten sich Siedlungen aus, die sich die charakteristischen Merkmale der alten Bauerndörfer erhalten haben.

Sténico, der elegante Hauptort der Banalegegend, liegt am Fuße des Monte Brugnòl, geschmückt von herrschaftlichen Gebäuden und hübschen Brunnen.

Er wird vom majestätischen, eindrucksvollen Castello di Sténico beherrscht, einer alten Burg mittelalterlichen Ursprungs, die derzeit der Autonomen Provinz Trient gehört und eine Nebenstelle des Landeskunstmuseums ist. In den mit wertvollen Fresken ausgestatteten und durch antike Möbel geschmückten Sälen werden verschiedene Ausstellungen, Wettbewerbe zeitgenössischer Kunst und klassische Konzerte veranstaltet.

Im Inneren ist außerdem eine archäologische Abteilung zu besichtigen, die interessante Fundstücke dieser Gegend umfasst.

Wenn wir durch das Valle d'Ambiéz fahren, berühren wir die kleine Siedlung Tavodo, die von der alten Pfarrkirche Assunta, einem der interessantesten Sakralgebäude des Trentino, beherrscht wird. Schließlich erreichen wir **Dorsino**, ein bezauberndes Dorf am Fuße der Brentagruppe, das die Kirche San Giorgio aus dem späten 15. Jh. ziert. In ihrem Inneren sind Fresken zu sehen, die die Baschenis im 15. und 16. Jh. schufen.

Wir bewegen uns nun in Richtung Molveno weiter bis **San Lorenzo in Banale**, der Haupt-

gemeinde des Alto-Banale-Gebietes, die sich aus sieben alten Dörfern zusammensetzt. Im Zuge der Bauexplosion dehnten sie sich stark aus, behielten aber ihren typisch ländlichen Charakter bei, der aus den Gebäuden mit Loggien, Eingangsgewölben und Holzbalkonen spricht.

Unweit von der Pfarrkirche San Lorenzo liegt die kleine, im 16. Jh. aus Stein gebaute Kirche San Rocco, die wertvolle Fresken der Baschenis enthält. San Lorenzo in Banale, das von der Ruine des Castel Mani überragt wird, bietet eine prachtvolle Sicht auf das Tal und die Sarcaebene und stellt außerdem einen idealen Ausgangspunkt für Aufstiege in die Brentagruppe und zu schönen Schutzhütten dar.

Wenn wir auf die Staatsstraße zurückkehren, die sich durch das Sarcatal erstreckt, dringen wir auf der Höhe des Thermalzentrums Comano - eines ansprechenden, wegen der Heilwirkung seines Wassers bekannten Kurorts am Fuße der Brentadolomiten - in das Gebiet der Gemeinde **Lomaso** ein, die sich aus zahlreichen Weilern zusammensetzt. In der Nähe von Ponte Arche schlagen wir die Straße ein, die zur kleinen Siedlung Comano hinaufführt, wonach uns ein schöner Ausflug zum Monte Casale, einer der bezauberndsten Panoramastellen der Giudicarie Esteriori bringt. Die Aussicht, die sich hier bietet, umschließt die Seen von Andalo, Molveno, Santa Massenza, Toblino, Cavédine und Terlago, wie auch die Berggruppen des Brenta, des Adamello und der Presanella.

Von der Siedlung Ponte Arche gelangen wir bald zum Ort Campo Lomaso, einem kleinen Juwel mit wertvollen Zeugnissen der Geschichte, Kunst und Religion, wie dem Kloster der Franziskanerpater aus der zweiten Hälfte des 18. Jh., dem eleganten Gebäude Villa Lutti, dem Gemeindepalais aus dem 18. Jh. mit seinem eleganten Säulengang, dem wuchtigen Castel Campo, das derzeit eine elegante Adels-

*Lomaso
und das
Bleggiogebiet,
im
Hintergrund
der Carè Alto*

*Die Burg
Sténico*

residenz ist, und der reizvollen kleinen gotischen Kirche San Vigilio, die sich in der Nähe der Burg befindet. In Vigo Lomaso erhebt sich die antike Pfarrkirche San Lorenzo, eines der ältesten Gotteshäuser des Gebietes, das gemeinsam mit der nahen Taufkapelle den wichtigsten romanischen Baukomplex der Valli Giudicarie bildet. Auf einer Anhöhe in der Nähe des Wohnortes zeichnet sich die Ruine des Castel Spine ab, einer im 15. - 16. Jh. erbauten Festung.

Wenn wir weiter in das Val Lomasona eindringen, erreichen wir Dasindo, wo der bekannte Trentiner Dichter Giovanni Prati geboren wurde. Von Dasindo können wir über **Fiavé**, einen alten Ort im südlichen Teil der Hochebene von Lomaso, weiterfahren.

Er ist vor allem wegen eines archäologischen Areals bekannt, in dem die Reste einer Pfahlbautensiedlung aus der Bronzezeit gefunden wurden, die zu den bedeutungsvollsten des gesamten Alpenraumes zählt.

Die Ausgrabungsstätte ist über die Straße des Ballinopasses erreichbar, der die Valli Giudicarie mit dem Gardaseeraum verbindet. Im Gemeindeamt von Fiavé wurde ein Besucherzentrum eingerichtet, das anhand reichhaltiger Unterlagen die verschiedenen Aspekte des Biotops erläutert, in dem sich das Pfahlbautendorf ausbreitet.

Wenn wir erneut auf die Staatsstraße zurückkehren, können wir auf der Höhe des Ortes Ponte Arche auf die Straße abbiegen, die in das Bleggiogebiet führt.

Dieses setzt sich aus bebauten Terrassen zusammen, über die kleine Siedlungen verstreut liegen, die in administrativer Hinsicht zu den beiden Gemeinden **Bleggio Inferiore** und **Bleggio Superiore** gehören. Zu den wichtigsten Orten zählen Balbido, ein malerisches Dorf mit ländlichen Zügen, das am Zugang zum Val Marcia liegt und dessen Gebäude reizvolle Wandmalereien mit Szenen aus dem bäuerlichen Leben zeigen; Rango, die höchstgelegene Ortschaft des Bleggiogebietes, die sich durch die typisch rustikale Bauweise ihrer Häuser auszeichnet, welche durch malerische Torwege, Steinbrunnen und Innenhöfe verschönert werden; Santa Croce mit der Pfarrkirche der Heiligen Dionisio, Rustico und Eleuterio, die sich über einer interessanten Krypta - dem ursprünglichen Gotteshaus - erhebt; Villa mit der kleinen Kirche San Giuliano aus dem 15. Jh., deren Fresken der berühmten Familie der Baschenis zugeschrieben werden; die Siedlung Vergonzo, die von der Ruine des mittelalterlichen, auf einem Hügel angelegten Castel Restor beherrscht wird; Bono mit seiner Kapelle San Felice, die wertvolle Innenfresken aus dem 15. Jh. enthält, von denen einige von den Baschenis geschaffen wurden.

Nach dem Thermalort Comano fahren wir an der Abzweigung vorbei, die links nach Villa Banale führt, durchqueren die spektakuläre Schlucht des Limarò und folgen der Straße abwärts zur Ortschaft Sarche, die genau an der Stelle liegt, an welcher der Sarca aus der wilden Klamm hervorbricht und sich in der gleichnamigen Ebene seinen Weg bahnt.

Fiavé, Pfahlbauten

Gastronomie und heimische Produkte

Die traditionelle Küche der Valli Giudicarie zeichnet sich durch die Verwendung heimischer Produkte aus. Das Valle del Chiese ist berühmt wegen der Anbaumethoden des Mais von Storo, aus dem das geschätzte Mehl hergestellt wird, das ausschließlich zum Polentakochen dient. Nach strengen biologischen Verfahren wird ein weiterer besonderer Mais erzeugt, der sogenannte *Marani,* mit dem die *Polenta carbonèra* zubereitet wird, eine typische Polenta des Valle del Chiese, die mit Butter, Käse und frischer *Lugànega* (Wurst) auf den Tisch kommt und auch ausgezeichnet zum *Tara* passt, einem pikanten, im Schnaps fermentierten Käse. Eine verlockende Gelegenheit, diese ungewöhnliche Speise zu kosten, bieten der berühmte *Carnevale di Storo* (Storo-Karneval) und die kulinarische Veranstaltung *El Calderón de Roncon,* die Mitte Juli in Roncone stattfindet. Bei der Gelegenheit bereiten erfahrene Köche auf dem Hauptplatz des Ortes die *Polenta carbonèra* in einem Riesenkessel zu, der 800 kg Mehl fasst. Unter den Käsesorten sind die *Boscatella,* ein ausgezeichneter Weichkäse aus der Gegend von Fiavé, die *Spressa delle Giudicarie,* ein wohlschmeckender Magerkäse, der nach genauen Verarbeitungs- und Reifeverfahren produziert wird, und der *Bagòs,* ein typischer Käse der Gegend von Càffaro und von Bagolino zu nennen. Einen besonde-

ren Platz unter den Würsten nimmt die *Ciuìga,* ein typisches Erzeugnis des Banalegebietes ein, das einen eigenen Rübengeschmack aufweist und sich aus Schweine- und Rindfleisch, Schweinsblut, schwarzem gemahlenem Pfeffer, Knoblauch, Salz und weißen marinierten Rüben zusammensetzt. Das Bleggiogebiet ist hingegen wegen der Produktion ausgezeichneter Nüsse bekannt, die sich besonders zur Zubereitung von ersten Gängen und schmackhaften Mehlspeisen eignen.

Die Zonen um die Orte Daone und Darzo sind dank der Kastanien bekannt, dieser köstlichen Früchte, die im Oktober bei den Kastanienfesten der verschiedenen Ortschaften im Mittelpunkt stehen. Schließlich ist nicht auf die Herstellung des Bio-Honigs zu vergessen, vor allem des Akazien-, Linden- und Kastanienhonigs. Unter den wichtigsten Veranstaltungen seien *Not(te) a Bolbeno* (Nacht in Bolbeno) und *Festa dell'agricoltura - palio dei sette comuni* (Ladwirtschaftsfest-Wettbewerb der sieben Gemeinden) des Gebietes Lomaso zu nennen, die beide musikalische, folkloristische und gastronomische Unterhaltung bieten. Letztlich sei an *La tavola giudicariese* erinnert, ein Fest, das Ende August/Anfang September auf Betreiben der Restaurantbesitzer des Tales stattfindet, die Spezialitäten nach alten lokalen Rezepten zubereiten.

Valle dei Laghi, Alto Garda und Valle di Ledro

Wenn wir das Thermalzentrum Comano hinter uns lassen, erreichen wir nach der engen Gola del Limaró das Valle dei Laghi auf der Höhe der Ortschaft Sarche, dem bedeutenden Kreuzungspunkt der Straßen, die nach Trient, Riva del Garda und Tione (Valli Giudicarie) führen. Wir sind im Begriff, in eines der faszinierendsten und bemerkenswertesten Gebiete des Trentino einzudringen, das sich sowohl durch einzigartige klimatische Besonderheiten, als auch durch die Vielfalt der Naturräume auszeichnet. Hier geht die Berglandschaft des nördlichen Valle dei Laghi mit ihren steilen Felsstürzen, dichten Wäldern und sanften Erhebungen des Talgrunds, auf dem sich Äcker und Weingärten ausbreiten, auf die nahezu mediterrane Landschaft des südlichen Teils über, in dem Steineichen und Olivenbäume gedeihen. Auf diesen folgt die reine Mittelmeerzone des oberen Gardaseegebietes (Alto Garda) mit einer üppigen Vegetation, die Oliven, Zitruspflanzen, Palmen und Oleander umfasst. Den Abschluss bildet die typische Berggegend des Valle di Ledro, dessen Klima durch den Einfluss des nahen Gardasees gemildert wird. Der große Reiz, den eine so vielfältige Naturlandschaft ausübt, wird durch die zahlreichen, über das gesamte Gebiet verteilten Seen noch verstärkt.

In geographischer Hinsicht wird das Valle dei Laghi im Nordwesten von der Bergkette der Paganella, des Monte Gazza und des Monte Casale, im Südosten von der Gruppe des Monte Bondone abgegrenzt. Es entspricht der Senke, die sich vom Lamàr- und Terlagosee bis zum Gardasee ausdehnt und auch das Nebental von Cavédine umfasst. Das Valle dei Laghi, dessen Landschaft von seltener Schönheit ist, zeigt sich im Frühjahr, wenn die ersten Blumen blühen, oder im Herbst, wenn sich die Vegetation lebhaft rot und gelb färbt, von seiner schönsten Seite. Die ruhigen Seeufer, die ausgedehnten Äcker und die sanften Hügeln laden zu erholsamen Spaziergängen, Radausflügen oder Ausritten ein, während die steilen Felswände, die das Tal umrahmen, einen besonderen Anziehungspunkt für Freeclimber bilden.

Der Zauber des Valle dei Laghi rührt nicht nur von der Pracht der Umwelt her, sondern auch von den zahlreichen Zeugnissen der Kunst, die im gesamten Gebiet vorliegen.

Das Valle dei Laghi

Das Land der Seen

der kleine Bergsee Làgolo, der inmitten grüner Wiesen liegt und von dichtem Wald umgeben ist, und der Cavédinesee. Wenn wir auf der Straße weiterfahren, die nach Riva del Garda führt, berühren wir den bezaubernden Toblinosee, in dessen Wasser sich die zinnengekrönten Mauern des Castel Toblino widerspiegeln. Dieses prachtvolle Beispiel einer Seeburg, die sich auf einer kleinen Halbinsel erhebt, inspirierte durch die romantische Atmosphäre Poeten und Schriftsteller, zog berühmte Reisende an und gab Anlass zu fesselnden Liebesgeschichten und Sagen.

Wenn wir nach Süden weiterfahren, erschließt sich der Gardasee in all seiner Schönheit unserem Auge. Seine besondere Gestalt und das klare türkisblaue Wasser, in dem sich die Felswände des Monte Baldo spiegeln, locken seit dem 19. Jh. berühmte mitteleuropäische Literaten, Dichter und Maler. Dank des so genannten "Ora del Garda", eines starken Windes, der täglich in den frühen Nachmittagsstunden weht, füllen sich die weißen Kiesstrände mit begeisterten Seglern und Windsurfern.

Auf der Straße, die von Riva del Garda zum Ballinopass empor führt, zeichnet sich in einer äußerst malerischen Landschaft das klare türkisfarbene Wasser des Tennosees ab, der wegen der häufigen Veränderung seiner Größe zu den bemerkenswertesten Seen des Trentino gehört.

Wenn wir weiter in das Valle di Ledro eindringen, gelangen wir zum bezaubernden Ledrosee mit weißen Stränden und intensiv blauem Wasser, der auch wegen des Vorliegens von Resten einer interessanten prähistorischen Pfahlbautensiedlung interessant ist, und schließlich zum Àmpolasee, einem Biotop von beachtlichem naturalistischen Wert, das sich im gleichnamigen Tal ausbreitet.

Dieser magisch anmutende Winkel des Trentino ist reich an prachtvollen, romantischen Seen, in deren Wasser sich abwechselnd die grünen Nadelwälder, die üppigen Pergeln der Weingärten, die majestätischen Zypressen und die im Überfluss gedeihende mediterrane Vegetation widerspiegeln.

In der Senke von Terlago liegt der Terlagosee, dessen Wasser sich durch eine besondere braun-olivgrüne Färbung auszeichnet. In der Nähe des Monte Terlago sind inmitten eines grünen Waldes die zwei malerischen Seen Lamàr und Santo zu bewundern. Kurz nach der Ortschaft Vezzano taucht der Santa-Massenza-See auf, an dessen Ufer sich die gleichnamige Siedlung ausbreitet. Im Valle di Cavédine bestechen

Der Santo- und Lamàr-See

*Schloss
Toblino*

*Windsurfen
und Segeln
auf dem Gardasee*

Torbole, der Hafen

Die alten Burgen, Sakralbauten und eleganten Herrschaftspalais, die sich über das Tal verteilen, sind direkter Ausdruck einer geschichtsträchtigen Vergangenheit.

Wenn wir auf der Staatsstraße "Gardesana" in Richtung Trient fahren, können wir vor Erreichen der Ortschaft Cadine die Straße einschlagen, die nach Terlago hinabführt. Der Ort liegt in der gleichnamigen Senke, die vom Monte di Terlago und von der Berggruppe Paganella-Gazza überragt wird. Am Ortseingang erhebt sich auf der Spitze eines Felsmassivs vor dem See die kleine Kirche San Pantaleone, die im 16. Jh. über den Resten eines älteren sakralen Gebäudes errichtet wurde. Die Außenwände zeigen interessante Fresken, während im Inneren ein wertvoller Zyklus von Wandmalereien aus dem 16. Jh. zu bewundern ist. **Terlago** ist ein alter Ort, der sich die typischen Züge der Bauerndörfer bewahrt hat. Es schmücken ihn antike Herrschaftsresidenzen und die zinnengekrönten Türme des Castel Terlago, das von einer Anhöhe aus dominiert. Wir fahren nun an der Ortschaft Vigolo Baselga und der Abzweigung nach Baselga del Bondone vorbei in Richtung Riva del Garda, bis wir den Ort **Vezzano** erreichen. Er liegt in einer Senke, die der Monte Gazza überragt. Von hier führt der geologische Pfad Stoppani weg, eine interessante Route, die zwischen dem Valle dei Laghi und der Hochebene von Cavédine am Fuße des Monte Castion verläuft und den archäologischen Gletscherpark quert, in dem merkwürdige Felshöhlen zu besichtigen sind, die auch "Marmitte dei giganti" (Riesentöpfe) genannt werden.

Bei Vezzano können wir die Straße nach **Padergnone** einschlagen. In dieser kleinen Ortschaft antiken Ursprungs ist die Kirche der Hl. Filippo und Giacomo sehenswert, die an der Außenmauer ein Freskenbild des Hl. Christophorus und im Inneren weitere wertvolle Wandmalereien aus dem 16. Jh. zeigt. Der Ort ist von grünen Hügeln umgeben, über die sich üppige Weingärten ziehen, und besonders wegen der Produktion von Rot- und Weißweinen bekannt. Unter den letzteren sticht der Nosiola, ein geschätzter Weißwein von zartgelber Farbe und trockenem Geschmack hervor, aus dem dann der *Vin santo,* ein ausgezeichneter süßer Dessertwein erzeugt wird.

Nach der Ortschaft Padergnone folgen wir der Straße, die in das Valle di Cavédine eindringt, bis wir **Calavino** erreichen, einen Ort mittelalterlicher Prägung, den elegante Adelspalais im Renaissancestil zieren. Bergseitig erhebt sich die Dekanskirche Maria Assunta, die verschiedene Fresken und ein schönes Renaissanceportal aufweist. Im Inneren der Madruzziana-Kapelle haben sich interessante Fresken aus der Schule des Tizian erhalten. Wenn wir die Ortschaft Calavino hinter uns lassen, können wir in Richtung des Castel Madruzzo fahren. Diese alte Burg, die sich aus mittelalterlichen Teilen und Zubauten der Renaissance zusammensetzt, beherrscht von der Spitze einer Felsleiste aus die Ortschaft. **Lasino**, am Fuße des Westhangs des Monte Bondone, ist ein reizvoller Sommerurlaubsort, den antike Häuser aus dem Mittelalter und der Renaissancezeit zieren. In der Nähe erhebt sich auf einem grünen Hügel die kleine romanische Kirche San Siro, deren Ursprung sehr weit zurückreicht, die aber im 14. Jh. umgebaut und später erweitert wurde. In ihrem Inneren ist ein interessanter Zyklus mittelalterlicher Fresken erhalten geblieben. Wenn wir einige Kilometer weiter fahren, gelangen wir zum bezaubernden kleinen Làgolosee.

Nach der kleinen Siedlung Stravino erreichen wir **Cavédine**, das wirtschaftliche und kulturelle Zentrum des Valle dei Laghi. Die Ortschaft, die dicht am Monte Gaggio liegt und sich aus den Ortsteilen Laguna am Talgrund und dem etwas höher gelegenen Mustè zusammensetzt, blickt auf einen alten Ursprung zurück. Sie hat sich ein charakteristisches Aussehen bewahrt, das neben den eleganten Zügen der Herr-

Lasino,
Kirche
San Siro

Castel Drena

schaftsresidenzen die rustikaleren der Bauernhäuser zeigt. Das Gebiet von Cavédine ist in archäologischer Hinsicht sehr interessant, da von
der Ortschaft ein Weg ausgeht, der einer antiken römischen Straße folgt. An dieser Strecke
häufen sich bedeutende Funde, wie der römische Brunnen *Cosina,* eine Naturgrotte im
Kalkgestein, und die *Carega del diaol* (Teufels-
stuhl), ein Steinmonument mit einer Grabin-
schrift aus römischer Zeit.

Nach den Siedlungen Brusino und Vigo Cavédine zeichnen sich, wenn wir in Richtung **Drena** weiterfahren, der eindrucksvolle Hauptturm
und die zinnengekrönte Mauer der Befestigungsanlage Castello di Drena ab, in der eine
Dauerausstellung zu besichtigen ist. Sie umfasst
archäologische Fundstücke, die im Laufe der
Restaurierungsarbeiten an der Burg zutage getreten sind. Wenn wir der panoramareichen
Straße folgen, die sich zum Tal des Sarcaflusses
senkt, dringen wir in eine raue, wildromantische Ebene ein. Sie weist riesige Gesteinsanhäu-
fungen eiszeitlichen Ursprungs, die sogenannten *Maroche* auf: dieses geologisch höchst wertvolle Gebiet, das sich zwischen den Ortschaften
Dro und Pietramurata erstreckt, ist derzeit als
Biotop ausgewiesen.

Wir fahren nun auf der Staatsstraße "Gardesana" in südlicher Richtung weiter bis zum alten Ort **Dro**, der durch die besondere Bauweise
seiner Wohnhäuser auffällt: Sie zeigen elegante
gemeißelte Portale und von Trockenmauern ab-
gegrenzte Höfe. Im Ortsinneren befinden sich
die Pfarrkirche Immacolata aus dem 19. Jh. und
die angrenzende entweihte Kirche der Hl. Sisinio, Martirio und Alessandro - ein von einem
schönen romanischen Portal geziertes Gebäude,
das zu den bedeutendsten Trentiner Beispielen
angewandter Kunst zählt. Am Ortsrand erhebt
sich die Barockkirche Sant'Antonio da Padova,
die in der zweiten Hälfte des 17. Jh. entstand.
In der Sommersaison wird in Dro *Drodesera* abgehalten, eine Theaterveranstaltung von inter-

nationaler Tragweite, bei der sich die Plätze und
Höfe in eine malerische Freilichtbühne verwandeln, die durch Tänze, Konzerte und Darbietungen des Avantgardetheaters belebt werden.

Wenn wir uns dem Gardaseeraum nähern, zeigt
die Landschaft immer stärkere Mittelmeerzüge
und die Weingärten machen Olivenhainen
Platz. Wir dringen nun in ein äußerst faszinie-
rendes Gebiet ein, dessen Klima sich auch im
Winter durch milde Temperaturen auszeichnet.
Das Städtchen **Arco** liegt am rechten Sarcaufer
am Fuße eines Felsens, auf dessen Spitze sich eine gleichnamige mittelalterliche Burg erhebt, die
wir nach einem geruhsamen Spaziergang auf
leichten Wegen erreichen und die uns einen unvergleichlich schönen Ausblick auf den Gardasee
bietet. Von dieser alten Anlage sind noch die
Burgfeste, der zinnengekrönte Turm und die
Reste einer Kapelle erhalten, die Freskenspuren
aufweist. Arco ist ein berühmter Luftkurort, umgeben von grünen Palmenhainen, blühenden
Gärten und Parkanlagen, die reich an exotischen
Pflanzen sind. Bereits im 19. Jh. war dieser Kur-
ort beim gehobenen Bürgertum und europäischen Adel als Winterurlaubsort beliebt. Noch
heute weist er das Aussehen einer eleganten
Kleinstadt auf, die auch unter dem Namen "Ri-
viera" oder "Nizza des Trentino" bekannt ist. In
der Stadtmitte sind die erlesenen Renaissance-
und Barockpalais, die Kollegiatkirche Maria Assunta aus dem 17. Jh. - eines der schönsten Trentiner Sakralgebäude aus der Spätrenaissance -
und daneben die barocke Fontana del Mosè
(Moses-Brunnen) zu bewundern. Unter den anderen Gotteshäusern ist gewiss auch die antike
Kirche Sant'Apollinare erwähnenswert, in deren
Inneren ein bedeutender Freskenzyklus des
16. Jh. verwahrt ist. Besonders faszinierend ist
der ältere Teil des Städtchens mit seinen charakteristischen mittelalterlichen Ansichten und einem Winkelwerk von Gassen. Zu nennen sind
außerdem das Casinò von Arco aus dem 19. Jh.,
in dem heute zahlreiche Kongresse abgehalten

Basso Sarca und Gardasee vom Monte Baldo aus

werden, und die antike Villa des Erzherzogs Albrecht von Österreich, die ein prachtvoller Park umgibt, in dem der *Arboreto,* ein an exotischen Pflanzen reicher Baumgarten, eingerichtet ist. Vom Arboreto führt ein berührender Kreuzweg, die *Via crucis,* durch die Olivenhaine bis zur Wallfahrtskirche Madonna di Làghel aus dem 18. Jh. Arco ist auch wegen des *Gran Carnevale* (großer Karneval) bekannt, der seit über hundert Jahren den Prunk der Habsburgerzeit wieder aufleben lässt: mit Karrenumzügen, Galaabenden, Banketten und anderen Nebenveranstaltungen, bei denen historische Kostüme zu sehen sind und altes Handwerk vorgestellt wird. Jedes Jahr im September findet in Arco außerdem die berühmte *Rock-Master*-Veranstaltung statt, ein sportlicher Wettbewerb, bei dem gute Sportler auf der höchsten, künstlich geschaffenen Kletterwand der Welt ihre Kräfte messen. Es ist auch zu erwähnen, dass die steilen, mit Sicherungen versehenen Felswände des Raumes von Arco ein beliebtes Ziel von Alpinisten und Kletterern sind. Von Arco ausgehend können wir der Straße nach **Nago**, einer kleinen befestigten Stadt folgen, die

unterhalb der Ruine des mittelalterlichen Castel Pènede liegt. Die Siedlung - eine bezaubernde Aussichtswarte am Rand des Gardaseegebiets - liegt eingebettet in eine reiche Mittelmeervegetation und stellt für den von Norden Kommenden eine der beiden wichtigsten Zugangspforten zum Gardasee dar. Im älteren Teil der Siedlung erstrecken sich malerische Wege durch Ortsteile, die elegante alte Landvillen zieren. Unter den Sakralbauten ist die aus dem Mittelalter stammende und im 17. Jh. umgebaute Pfarrkirche San Vigilio mit dem angrenzenden romanischen Glockenturm, wie auch die Kirche San Zeno zu nennen, die zwar alten Ursprungs ist, aber im 16. Jh. verändert wurde. Im ersten Abschnitt der zum Gardasee führenden Panoramastraße sind die berühmten "Marmitte dei giganti" (Riesentöpfe) zu sehen, weite, in den Felsen gegrabene Höhlen, die prachtvolle Naturdenkmäler bilden. Wenn wir uns weiter talwärts bewegen, werden das Panorama und die Landschaft immer aufsehenerregender, vor allem wenn zwischen den

Arco, der Baumgarten

Free climbing

Arco, die Burg

Olivenhainen und dem Grün der Zypressen das blaue Wasser des Gardasees durchzuschimmern beginnt.

Nach der Fahrt bergab erreichen wir sehr bald schon **Tórbole**, einen bezauernden Ort, der früher die berühmtesten Schriftsteller und Dichter Mitteleuropas anzog. Tórbole, das sich in äußerst windgekühlter Lage am Nordufer des Gardasees dicht an die nordwestlichen Ausläufer des Monte Baldo hinschmiegt, ist ein berühmter Sommerurlaubsort von internationalem Rang, den vor allem Windsurfer und Segler gerne besuchen. Charakteristische Winkel rufen die Erinnerung an die Vergangenheit und an die Traditionen von Tórbole wach, das sich die Züge eines alten kleinen Fischerortes bewahrt hat. Die Aufmerksamkeit der Besucher wird von den malerischen Ausblicken gefesselt, die der kleine Hafen aus dem 15. Jh. bietet, der die typischen Bauten der Vecchia dogana, des alten Zolls umfasst. Auf dem Hügel Sant'Andrea erhebt sich die gleichnamige Kirche, die im 12. Jh. urkundlich erwähnt und in der Barockzeit umgebaut wurde, von deren Kirchhof sich ein unvergleichlich schöner Ausblick auf den See bietet.

Wenn wir am Nordufer des Sees entlang fahren, erreichen wir bald **Riva del Garda**, eine reizvolle Stadt am Fuße der Felswände des Monte Rocchetta, umgeben von üppiger mediterraner Vegetation, die durch ihre Olivenhaine, Zitronenbäume und Palmen besticht. Riva, seit der Hälfte des 19. Jh. Ziel der mitteleuropäischen Elite, ist derzeit einer der bekanntesten Fremdenverkehrsorte von internationaler Bedeutung, was sowohl auf das milde Klima, als auch auf die besondere geographische Lage zurückzuführen ist, die ihn zu einem wahren Paradies für Sportler machen, die windsurfen und segeln, sich dem Freeclimbing widmen oder Wandertouren und Mountainbike-Ausflüge unternehmen. Riva del Garda zeichnet sich überdies durch seine Lebhaftigkeit im kulturellen Bereich und durch zahlreiche Vorhaben von inter-

Die "Marmitte dei giganti" bei Torbole

nationaler Tragweite aus, unter denen *Musica Riva* genannt sei, ein Treffen junger europäischer Musiker, das alljährlich im Juli stattfindet. Im alten Teil der Stadt, auf der bezaubernden Piazza Tre Novembre, sind die eleganten Gebäude in lombardisch-venezianischem Stil mit Säulengängen aus dem 14. Jh. zu bewundern, der Palazzo Municipale (Rathaus) aus dem 15. Jh., der Palazzo Pretorio aus dem 14. Jh. und der hoch aufragende Turm "Torre Apponale", der im 13. Jh. zur Verteidigung des Hafens errichtet wurde. Wenn wir uns entlang der Seepromenade bewegen, erreichen wir die Piazza

Riva del Garda

Riva del Garda,
"Märchennacht"

Riva del Garda,
die Rocca

Battisti, dann die Rocca, ein prachtvolles Beispiel einer Seefestung mittelalterlichen Ursprungs mit vier quadratischen Türmen und der Hebebrücke, derzeit Sitz des Museo Civico (Stadtmuseum) und einer Pinakothek. Ein Spaziergang durch die Altstadt von Riva del Garda mit ihren hübschen kleinen Plätze und alten Straßen, die elegante Gebäude und befestigte Tore zieren, macht sich bezahlt. Zu den wichtigsten Sakralbauten gehören die Pfarrkirche Assunta, die im 12. Jh. urkundlich erwähnt und im 18. Jh. umgebaut wurde, die im 12. Jh. errichtete und im Laufe des 16. Jh. neugebaute Kirche San Michele mit wertvollen Barockaltären, die Kirche Inviolata, ein wahres Kleinod der Barockkunst, in deren Innerem wunderbare Fresken, Altäre, Stuckaturarbeiten und kostbare Gemälde zu bewundern sind.

Eine der bekanntesten Veranstaltungen von Riva ist die *Notte di fiaba,* ein großes Fest, bei dem Ende August Vorführungen, Spiele, musikalische, folkloristische und kulinarische Veranstaltungen Leben in die Altstadt bringen. Die "Märchennacht" schließt mit einem schönen Feuerwerk in der Bucht von Riva.

Von Riva del Garda erreichen wir in kurzer Zeit den Ort Varone, wo wir, wenn wir einem markierten Weg folgen, den schäumenden Wasserfall des Wildbachs Magnone erreichen, der mit einem Sprung von 90 m in einen tiefen Einschnitt im Kalkgestein stürzt. Nach der Besichtigung dieses lärmenden Wasserfalls "Cascata del Varone" fahren wir an der Siedlung Cologna vorbei bis nach **Tenno**, einem bezaubernden Ort in prachtvoller Panoramalage, den das eindrucksvolle, mit Zinnen gekrönte Castel Tenno überragt. Der kleine Ortsteil Frapporta, der heute noch innerhalb der Mauern der ihn dominierenden Burg liegt, ist ein typisches Beispiel eines mittelalterlichen Ortes mit einem Winkelwerk von Gassen, die antike Steinhäuser säumen. Am südlichen Ende der Ortschaft erhebt sich die kleine Kirche San Lorenzo, ein altes sakrales Gebäude, in dem sich wertvolle Fresken des Hochmittelalters erhalten haben. Unter den Siedlungen von Tenno ist Canale di Tenno besonders erwähnenswert, ein malerischer Ort, dessen Gebäude und urbanistische Gliederung einen typisch mittelalterlichen Anstrich zeigen. Hier liegt die Casa degli Artisti, ein bedeutendes Kulturzentrum und Sitz zahlreicher Kunstausstellungen, und das Museo Etnologico degli Attrezzi Agricoli (Volkskundemuseum der Landwirtschaftsgeräte), in dem wertvolle Zeugnisse der lokalen Hirten- und Bauernkultur ausgestellt sind. Alljährlich bietet der Ort im Monat August dank der Veranstaltung *Rustico medioevo* (Rustikales Mittelalter) die Möglichkeit, die Atmosphäre der Vergangenheit zu erleben: Es werden Theateraufführungen und folkloristische Veranstaltungen, Konzerte mittelalterlicher Musik, kulturelle Treffen und kulinarische Kostproben geboten. Von Canale di Tenno erreichen wir nach einer geruhsamen Wanderung den Dosso di San Pietro, von dessen Anhöhe wir ein herrliches Panorama des Tennosees, des Gardasees, des Monte Stivo und der Monti Lessini genießen.

Nach dem Tennosee führt uns ein kurzer Abstecher in der Nähe der Ortschaf Pranzo in das archäologische Areal San Martino. Es handelt sich um eine Ansiedlung mit Spuren von Behausungen aus prähistorischer Zeit, eines der archäologisch bedeutungsvollsten Zeugnisse des Trentino. Wir folgen nun weiter der Straße, die zur Rechten des Rio Magnone verläuft, und biegen kurz vor Erreichen des Ortes Riva del Garda in die Straße ab, die ins Valle di Ledro führt.

Das Valle di Ledro, das den Raum zwischen dem Gardasee und dem Idrosee einnimmt, liegt genau zwischen dem Zugang zum Valle del Ponale im Osten und dem Val d'Àmpola im Westen. Es ist völlig umringt von den Alpi Ledrensi und deren Untergruppen des Monte Cadria im Norden und des Monte Cablone im Süden. Seit der Antike bildete das Tal einen wichtigen

Molina di Ledro und der See

Durchgang zwischen der Provinz Brescia und dem Gardaseeraum. Wegen der strategisch günstigen Lage war die Gegend von großer Bedeutung, und noch heute liegen zahlreiche Zeugnisse vor, die an Ereignisse der Geschichte erinnern. Einige Zonen waren Schauplatz heftiger Kämpfe: zwischen den Garibaldianhängern und den Österreichern im 3. Unabhängigkeitskrieg und zwischen dem italienischen und österreichisch-ungarischen Heer im Ersten Weltkrieg. In landschaftlicher Hinsicht erscheint das Valle di Ledro als reines Berggebiet, das sich durch raue Felsen und dichte Wälder auszeichnet und eingebettet liegt in eine bezaubernde Naturlandschaft. Es bieten sich hier verschiedene Touren von großem historischem und naturalistischem Interesse an, die zu Fuß oder mit dem

Fahrrad unternommen werden können. Nachdem wir den Ortsteil Biacesa hinter uns gelassen haben, erreichen wir beim Bergabfahren als erste Siedlung Pré. Dieser kleine Ort war einst wegen der Herstellung der *Broche,* d.h. der Nägel bekannt, die für die Erzeugung von Schuhen und Bergschuhen verwendet wurden. Gegen Ende des 19. Jh. waren überall im Tal Schmieden entstanden, die diese speziellen Nägel herstellten. Sie sind aber nun verschwunden, bis auf die kürzlich wieder in Betrieb genommene Schmiede von Pré. Sehenswert sind in **Molina di Ledro** - dem in unmittelbarer Nähe des Ledrosees gelegenen Hauptortes des Tales - die Pfarrkirche San Vigilio aus dem 18. Jh., die auffallenden *Murales* - Wandmalereien, die die Gebäude zieren, und vor allem das berühmte Pfahlbautendorf aus der Bronzezeit. In Seenähe liegt das Museo delle Palafitte (Pfahlbautenmuseum), in dem die archäologischen Fundstücke ausgestellt sind, die die Sitten und Gebräuche der alten Einwohner dieser Gegend belegen. Nach Molina di Ledro fahren wir das Nordufer des Sees entlang und erreichen **Pieve di Ledro**, einen bezaubernden Fremdenverkehrsort, der wegen seiner ausgezeichneten geographischen Lage einen idealen Ausgangspunkt für Bergtouren darstellt. Wenn wir auf der Staatsstraße weiterfahren, gelangen wir nach **Bezzecca**, dem berühmten Ort, der in der Geschichte Schauplatz erbitterter Kämpfe zwischen den Garibalditruppen und dem österreichischen Heer war. Interessante Zeugnisse dieser Ereignisse und der Schlachten des Ersten Weltkriegs sind im lokalen Museo Garibaldino (Garibaldimuseum) und im Parco della Pace (Friedenspark) verwahrt. Dieser breitet sich auf dem historischen Hügel Santo Stefano aus, der die Ortschaft überragt und auf dem sich das Monumento Ossario (Gebeinhaus) und die gleichnamige Kirche befinden. Die Ortsmitte von Bezzeca zeichnet sich außerdem durch Sonnenuhren und Fresken aus, die die Gebäudefassaden zieren. In

der Nähe der Ortschaft schlagen wir die Straße
ein, die in das liebliche Valle di **Concei** eindringt, und erreichen Locca, Enguiso und Len-
zumo, drei charakteristische Dörfer, die sich die
typischen Züge der alten Bergbauernsiedlungen
unversehrt erhalten haben.

An der Staatsstraße, die in die Giudicarie Inferiori (Untere Judikarien) führt, erhebt sich zwischen den Wohnorten Bezzecca und **Tiarno di
Sotto** die kleine Kirche Santa Lucia in Pratis,
die in der ersten Hälfte des 15. Jh. in volkstüm-
lichem gotischem Stil errichtet wurde. Wenn

*Molina di Ledro,
die Pfahlbautensiedlung und das Museum*

wir weiterfahren, stoßen wir auf **Tiarno di Sopra**, die Siedlung am Übergang vom Valle di Ledro zum Val d'Àmpola. Nach dem kleinen Àmpolasee beginnt sich das Tal zu verengen und wird zu einer rauen Felsschlucht, durch welche die Straße zur Ortschaft Storo hinabführt. In der Nähe des Àmpolasees, d.h. genau auf der Höhe des Àmpolapasses, schlagen wir die Straße ein, die die Ortschaft Tremalzo und

ihre weit ausgedehnten Wiesen erreicht. In der Nähe des Tremalzopasses, der die Provinz Trient mit der Provinz Brescia verbindet, sind interessante Routen vorzufinden, die sich besonders für Mountainbiketouren eignen.

Vom Tremalzopass kehren wir auf die Staatsstraße zurück und befahren das Valle di Ledro in umgekehrter Richtung, wonach wir wieder zur bezaubernden Gardasee-Senke gelangen.

Gastronomie und heimische Produkte

Die Gerichte des Valle dei Laghi, des Alto Garda und des Valle di Ledro weichen zwar nicht stark von der typischen Trentiner Küche ab, umfassen aber einige lokale Spezialitäten. Eine wohlschmeckende Speise, die in allen drei Gebieten zubereitet wird, ist *Carne salada* (Pökelfleisch), gut gewürztes gegrilltes Fleisch, das mit Bohnen und Zwiebeln serviert wird. Bereits seit undenklicher Zeit ist das Valle dei Laghi wegen des sogenannten *Formentón* bekannt, des Buchweizens, der für die Herstellung von Brot und vor allem der *Polenta mora* (dunkle Polenta) verwendet wird. Unter den Fischen sind an erster Stelle die Forellen zu nennen, die aus den verschiedenen, über das gesamte Gebiet verteilten Zuchtanlagen stammen. Unter den bekanntesten Fischgerichten sticht die schmackhafte *Trota en saor* hervor, eine mit Mehl bestäubte, in Öl gebackene Forelle, die mit einer Marinade aus Essig, trockenem Weißwein, Lorbeer, Pfeffer und Salz angerichtet und mit Olivenöl beträufelt wird. Weitere typische Produkte des Valle die Laghi sind die bekömmlichen *Broccoli von Santa Massenza* und die ausgezeichneten *Susine* (Pflaumen) *von Drena und Dro*, mit denen köstliche Marmeladen und leckere erste Gänge zubereitet werden. Es sei dann daran erinnert, dass in Dro jährlich die *Mostra-mercato delle susine,* der Pflaumenmarkt stattfindet. Unter den Waldfrüchten sind die *Marroni di Drena,* die Kastanien des Ortes Drena zu nennen, wo jährlich Ende Oktober/Anfang November die traditionelle

Mostra-mercato dei marroni, der Kastanienmarkt stattfindet, bei dem zahlreiche, mit dieser Frucht zubereitete Speisen angeboten werden. Das Gardaseegebiet ist vor allem wegen des Anbaus der Oliven bekannt, aus denen edles Öl gewonnen wird. Jedes Jahr nimmt das Casino di Arco die traditionelle *Mostra dell'olio d'oliva,* die Olivenölausstellung auf, bei der Kostproben geboten und dem Thema entsprechende Tagungen veranstaltet werden. Unter den bekanntesten Gerichten der Gardaseegegend seien die *Spaghetti con le molche* genannt, d.h. Pasta, die mit den Resten der Olivenverarbeitung zubereitet wird, die auch ausgezeichnetes Brot, das *Pam de molche* ergeben. Ein typisches Gericht aus der Varone-Gegend ist die *Polenta e mortandèla,* Polenta, die mit wohlschmeckenden, würzigen Schweinswürsten serviert wird. Eine weitere charakteristische Speise des Gardaseeraumes ist der *Sisam,* ein auf traditionelle Art konservierter Fisch, der gewürzt, in Glasbehälter eingelegt und roh verzehrt wird. Die Grundlage bilden die *Aole,* kleine Weißfische, die mit Zwiebeln, kaltgepresstem Olivenöl des Gardaseegebietes, Essig, Lorbeer, Salz, Pfeffer und anderen Gewürzen angerichtet und häufig auch zu Spaghetti-Soßen verarbeitet werden.

Zu den traditionellen Gerichten des Valle di Ledro zählen die Caponec, typische Klößchen von Tiarno di Sopra und aus dem Valle di Concei; sie werden aus altbackenem geriebenen Brot, reifem Trentiner Granakäse, Butter, Eiern, zerhackten Kräutern, Petersil und Knoblauch zubereitet, vor dem Kochen in Weinblätter gewickelt und schließlich mit Olivenöl oder zerlassener Butter angerichtet. Beliebt sind auch die Polenta de patate, ein Gericht aus Erdäpfeln, Weißmehl und Öl, und die ausgezeichnete *Peverà*, eine Sauce aus Zwiebeln, Olivenöl, Semmelbröseln, Fleischbrühe, gekochten Lugàneghe (Würsten), gemahlenem Pfeffer, geriebenem Käse und Lorbeer. Nicht entgehen lassen sollte man sich

die charakteristischen Speisen des Valle dei Laghi, die bei der *Magnalonga della Valle dei Laghi* angeboten werden - einer Schlemmerveranstaltung, die sich von Lasino bis Cavédine erstreckt. Dabei können die Teilnehmer verschiedene kulinarische Spezialitäten und edle lokale Weine genießen. Eine verlockende Gelegenheit zum Kennenlernen der Produkte aus dem Gardaseeraum bietet der kulinarische Ausflug *Caminarmagnandoencompagnia* (Beimwanderningesellschaftessen), der durch die Altstadt und den Olivenhain von Arco führt. Wen die Spezialitäten des Valle di Ledro anziehen, dem sei die gastronomische Veranstaltung *La marcia del buongustaio* (Feinschmeckerwanderung) geraten, ein Weg, der durch die Wälder und Wiesen des Valle di Concei führt. Im Bereich der Weinproduktion nimmt der Ort Santa Massenza wegen seiner Reinsorten- und Fruchtgrappas und wegen der Beerenliköre eine besondere Stellung ein. Es sind zahlreiche Veranstaltungen der Weinverkostung zu nennen, bei denen die Besucher einen Überblick über die ausgezeichneten lokalen Weine erhalten. Unter den wichtigsten seien die *Festa dell'Uva*, ein Traubenfest genannt, das alljährlich in Padergnone stattfindet, wie auch die *Mostra della Nosiola, vini e grappe della Valle dei Laghi* (Nosiolaausstellung, Weine und Grappas des Valle dei Laghi), die Ende März/Anfang April im malerischen Rahmen von Castel Toblino stattfindet.

Arco, Oliven und Ölpressen

BIBLIOGRAFIE

Agostini, Beppino und andere Autoren: *Trentino in tasca*, Trento, Panorama, 1986.

Andreotti, Giuliana - Andreotti, Andrea - Vernaccini, Silvia: *Guida enogastronomica del Trentino*,
    Trento, Artimedia, 2001.

Balzani, Giordano - Gioppi, Franco: *Tesino. Paesi e montagne. Passeggiate ed escursioni nel territorio
    di Bieno, Pieve, Cinte, Castello Tesino e Alto Vanoi*, Trento, Euroedit, 1999.

Bauer, Carlo Alberto und Anna Lucia: *La cucina trentina*, Trento, Reverdito, 1996.

Bazzanella, Giulio: *Atlante dei prodotti tradizionali trentini*, Trento, Artimedia, 2000.

Brunet, Germana und andere Autoren (Hrsg.): *Primiero. Storia e attualità*,
    Treviso, Unigrafica Zero branco, 1984.

Capaldi, Maria Teresa - Rossi, Sergio: *La ola e la segosta*, Torino, Vivalda, 1998.

Delama, Emanuela: *Trento. Guida alla città*, Trento, Euroedit, 2000.

Eccheli, Mattia: *Guida ai laghi del Trentino*, Trento, APT del Trentino, 1998.

Eccheli, Mattia: *Guida ai parchi e alle riserve naturali del Trentino*, Trento, APT del Trentino, 1999.

Fabbro, Claudio: *Valsugana occidentale. Passeggiate ed escursioni. Piné, Caldonazzo, Levico, Pergine,
    Valle dei Mòcheni*, Trento, Euroedit, 2001.

Faustini, Gianni - Gorfer, Giuseppe: *Valle di Non*, Novara, De Agostini, 1992.

Felicetti, Mario (Hrsg.): *La vallata dell'Avisio. Fiemme, Fassa, Cembra, Altopiano di Piné*,
    Trento, Consorzio dei Comuni della Provincia di Trento B.I.M. dell'Adige, 1995.

Gabrielli, Simone - Gorfer, Giuseppe: *Trentino*, Novara, De Agostini, 2000.

Gorfer, Aldo: *Le Valli del Trentino. Guida geografico-storico-artistico-ambientale*,
    Calliano (TN), Manfrini, 1975.

Larcher, Fernando: *Conoscere i grandi altipiani trentini. Folgaria, Lavarone, Luserna*,
    Novara, De Agostini, 1991.

Larcher, Fernando: *Folgaria, Lavarone, Lucerna. Passeggiate ed escursioni sui Grandi Altipiani Trentini*,
    Trento, Euroedit, 1997.

Lorenzi, Guido – Lorenzi, Daniele: *Incanto d'arte e di natura*, Trento, Reverdito, 1987.

Malerba, Carlo - Merz, Enzo: *Trentino. Sapori nel Territorio*, Trento, Sait, 2000.

Marsilli, Pietro: *Guida ai segni del Sacro in Trentino*, Trento, APT del Trentino, 1997.

Martinelli, Vittorio: *Val Rendena e Val di Sole d'inverno*, Calliano, (TN), Manfrini, 1989.

Nicoletti, Giorgio: *Valsugana e Tesino. Guida turistica,* Trento, Arca, 1998.

Nicolussi-Veneri, Erna: *Trentino. Guida artistico-culturale*, Innsbruck, Kompass, 1999.

Pedrotti, Walter: *Guida alle valli del Trentino*, Colognola ai Colli (VR), Demetra, 1998.

Pedrotti, Walter: *La cucina di Trento e delle sue valli*, Bussolengo (VR), Demetra, 1994.

Ranzi, Gian Maria: *Trento da vedere. Itinerari fra arte e storia*, Trento, Reverdito, 1983.

Seeber, Antonio - Nicoletti, Giorgio: *Val di Fiemme. Luoghi escursioni e altre storie*,
    Trento, Curcu e Genovese, 1999.

Seeber, Antonio - Nicoletti, Giorgio: *Val di Fassa. Luoghi escursioni e altre storie*,
    Trento, Curcu e Genovese, 2001.

Turrini, Fortunato - Delpero, Rinaldo: *Conoscere la Val di Sole*, Novara, De Agostini, 1990.

Trotter, Angelo: *Vita primierotta nei suoi costumi, tradizioni, leggende*,
    Transacqua (TN), Cassa Rurale di Transacqua, 1979.

Valli, G. Carlo - Zampiccoli, Ettore: *Il Garda Trentino*, MEB, Padova, 1997.

Vernaccini, Silvia: *Guida ai castelli del Trentino*, Trento, APT del Trentino, 1997.

Vernaccini, Silvia: *Guida ai musei, alle collezioni e alle raccolte del Trentino*,
    Trento, APT del Trentino, 1999.

INHALTSVERZEICHNIS

VERZEICHNIS DER ORTSCHAFTEN